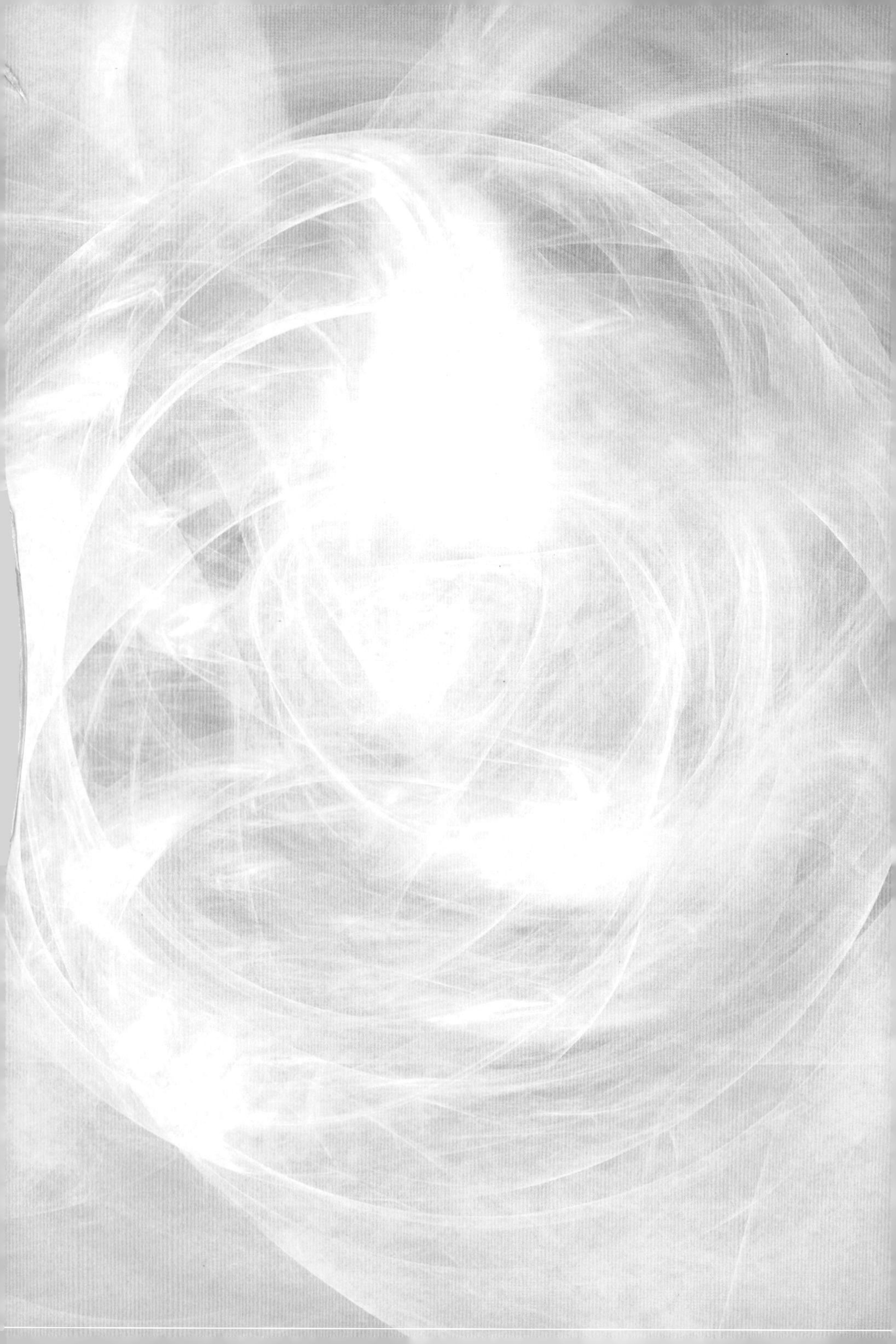

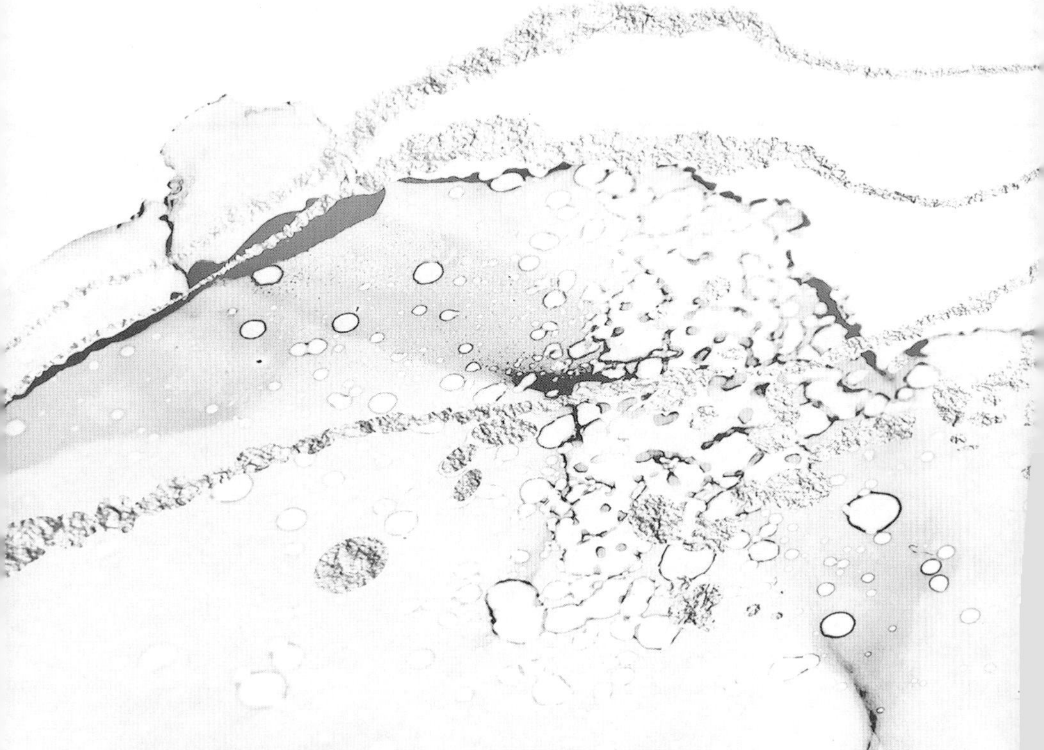

在臺灣心靈圈引發熱烈迴響，「阿乙莎靈訊」系列作

愛的復甦計畫

阿乙莎與地球母親的靈訊教導

譚瑞琪（Rachel）著

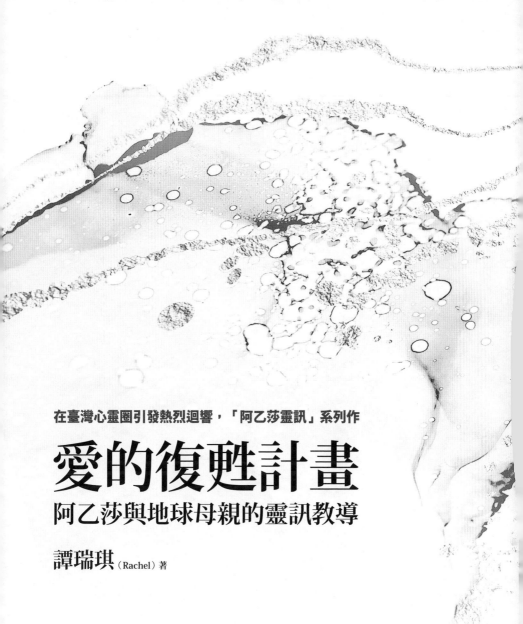

目錄

第三章

地球生命的起源、延續和揚升 037

第四章

意識超越身體宇宙而存在 049

第五章

珍貴的地球水元素 059

第六章

生命之樹蘊藏豐富的宇宙智能 069

第七章

定義你的愛

第八章

新地球已經誕生

第九章

第十章

第十一章 地球母親喚醒光之工作者展開行動 139

第十四章 走進死亡帷幕 221

〈作者序〉

與地球母親合作，讓愛的能量復甦

自從連結阿乙莎以來，我習慣每天花二十分鐘與阿乙莎對話，這已經成爲我的日常，就像吃飯喝水一樣，校準更高意識是維持生命能量不可或缺的一環。生活在地球，打開電視，媒體上充斥著政治、抗爭和負面社會新聞的報導，要是一段時間沒有與更高意識連結，我會感受到中軸偏離軌道，氣血下降，呼吸不通暢。如果才幾日沒有校準源頭，就有這種中軸偏離的感覺，可想而知，當整個地球擠滿七十多億人口，超過八成的人偏離中軸時，勢必會造成整個地球環境的能量失衡。當今地球天災人禍頻傳，正說明這已經是現在進行式，不可以輕忽我們賴以生存的地球正面臨的考驗和危機。

阿乙莎此時要我連結自己的靈性母親，就是要我們回頭正視自己生活的地球。若想解決地球崩壞的現象，人類還是得從自身做起。

此次的傳訊，蓋婭母親細訴地球的起源，也針對人類爲何需要在此經歷與學習提供更詳盡的說明。我們人類原本就是光，選擇在地球上以物質身體來體驗靈魂意識的存有。人類來到地球身負更新宇宙集體意識的重責大任，現在時間已經迫近，蓋婭母親說，她不會一直在此等待人類醒來。此外，蓋婭更揭露多項人類目前可以進行的具體方案，這是地球揚升的重大工程，需要人類參與建置和展開行動，才可以跟上蓋婭的揚升腳步。

人類活在眼見爲憑、仰賴理性和實證的文明世界裡已久，早已忘記地球母親的能量就在我們之內。我們可以與宇宙萬物連結，重建自己的家園。只要擁有平衡的身體，啓動內在意識，到達身心靈平衡，就可以幫助整個地球環境恢復健康。人類是地球上最重要的創造者和宇宙能量的傳輸管道，更是決定地球走向崩壞或再造新文明的關鍵。

透過這次的傳訊，我更清楚聽見蓋婭母親的心聲。這也是我們該省思的時刻：當人類共同母親的體力已經不勝負荷時，爲人子女的我們該如何做，才可以眞的幫上忙？

在傳訊的同時，蓋婭母親慈悲地引領我理解生命的全貌，讓我明白如何帶著健康的身體，走進內心一直揮之不去的死亡恐懼和小我的制約。一場又一場的靈性試煉，都是迎向光明前的我們必須穿越的自我屏障；直到全然了悟生死，將內在黑暗無名的恐懼徹底掏空，我們才可以重現內在宇宙無所不在的光芒。原來，裡面一無所有，我們原本就是那無條件的愛和光的存在。

蓋婭此時此刻提出呼籲，爲了維護銀河系整體的平衡，她的意識已經展開另一次的分離，邁向新地球揚升之路。蓋婭殷殷期盼更多的人類覺醒上路，一同走入新地球的軌道。這個工作需要人類重新和蓋婭攜手合作，讓愛的能量從人們的內在宇宙復甦，帶著覺醒意識的光和本自具足的愛穿越所有的紛爭和社會亂象。當無條件的愛從每一個人身上擴展開來時，我們就已登上五次元的大門，邁向新地球銀河光明之城！

感謝蓋婭與阿乙莎無條件的愛和慈悲的引領！

來自阿乙莎的前言

你已經透過脈輪暢通、中軸穩定的過程，經由你靈性父親的帶領，讓意識從心出發，向上契入合一意識和神之國度的基督意識場域（請參考《創造新我・新地球【阿乙莎靈訊】》）。這些都是與創造有關的學習，你仍需要在此基礎下，以行動落實在地球上，顯化與神共同的創造，幫助地球人類和萬物一起揚升。

接下來，你要跟你的靈性母親學習。這是改造地球的重大工程需要被啟動的階段，整個下載的流程和方法，與你跟你靈性父親的交流一樣：進入你的晶體，將來自你靈性母親的教導記錄下來，傳達給這個世界。

第一章　地球母親的呼喚

孩子啊！我是你的靈性母親，你可以直呼我的名字莎雅，或者稱我為蓋婭或我在光的世界的名字埃西斯，這些都是我跨越不同次元的靈性片段。我現在需要你將來自地球的聲音傳遞給人們。

我的意識已經存在這個美麗的藍色星球四十億年，你無法想像的久遠。我看顧著人類和地球上的所有生命。自古至今，你們已經在地球上發動過多次的戰爭和衝突，也曾遭受外星文明的攻擊，但沒有一次像此時的地球這般，需要人類感受到我的存在狀態。我希望你能夠將我以下的訊息傳達出去。

來自地球母親的訊息

一、地球不是人類的

人類不論走到哪個地方腳踩大地，總以為這腳下的土地永遠支持你們的存在，也因此，你們忘了地球母親也需要被呵護照顧。我可以不斷地進行自體平衡，做好自我療癒。現在，經由我更頻繁地加速自身療癒的過程，你們才終於看見我生病了。只是，你們還不知道如何照顧病中的地球母親。

我在宇宙中擔任太陽系和銀河系的橋梁，若我無法維持住穩定軌道，只能呼求銀河聯盟的援助。因爲，我不是地球人類的資產，我自己有非常重要的銀河任務在身。我的主要任務是讓地球維持在平衡的狀態，以保護銀河系的靈魂孵化器，我需要爲銀河系生生不息的生命創造意識培育基地。這一點，你們過去並不明白；而現在，我已經被允許將此訊息傳達給你們。

二、地球有自己的再生計畫

如我上面所述，地球不是人類的，我有任務在身，所以當目前的地球生態嚴重失衡，我無法照顧好所有靈魂意識時，我將會展開複製星球計畫。這個計畫早在二〇一二年已經展開，迎接新意識種子的基地已經建立起來，這是我自己的再生計畫。這個新地球將接手靈魂意識的孵化器工作，而目前的地球會被安置於另一個軌道，進入長達五百多年的冬眠。

三、我們是一體的

你們不用擔心新舊地球的移轉過程會失去與我們一體的連結。要記住，你們每一個人的靈魂意識都是從源頭合一的意識分離出來的。所以，只要你們學習提升靈性意識，就可以進入合一意識場，與宇宙共同意識源頭連結。這也是在你們的意識進入新地球之前需要學習並認知的事實。

四、時間已經迫近

不要以爲這件事與你們目前的生活沒有任何關連就漠不關心。當倒數計時的指針迫近時，你們每一個人都會明顯感知到內在升起要回到源頭之家的渴望。你們也已經有許多人正走上與源頭連結的道路。喚醒尚未覺醒的人，該是走向內在宇宙道路的時刻了。

五、展開地球修復行動

我已經開始進行自體修復，這是我與銀河邦聯正在一起努力的工作。目前你們在地球上可能不清楚即將面對的地球轉變對自己有什麼影響，我在此一一說明，希望能喚醒更多人類覺醒。

A.地殼變動

之前已經提過許多次，地球中軸偏移造成磁極再度轉換。地球下方的晶體需要進行一次大規模的淨化，淨化後的地球將會與許許多多的人類和地表動物的晶體斷開連結。這會讓地殼下的磁性轉變，因而造成火山爆發及地殼變動，連帶你們建造在地殼上方的建築物、大橋墩、交通要道都會受到影響，地面上的山川、河流也會產生位移。

B.生物滅絕

許多目前生活在地球上的動物、生物等將不再被變動後的地球需要，而自行滅絕。這些滅絕的生物會連帶造成目前生態鏈的重整，一些你們過去還可以看見的海洋生物及森林動物將會進入停止繁衍的狀態，逐漸消失於地球。

你們的生物學家即使知道已經有數百種動植物不復見，也無法從僅存的生物基因中複製出生命，這是我必須行使的地球自然汰換機制。

C.新生命降臨

轉換物種的時刻已經來到，就連人類也會進入優化與基因的轉型期。你會發覺，當你的意識能夠向上提升、進入宇宙意識連結時，你們生物體的細胞就開始延緩老化的速度。那是細胞本身的修復能力提升的結果。

同時，你們將迎接超越現有智能的新人類來到地球。這些孩子都具有更高的意識振動頻率，可以連結宇宙源頭的智慧。也因此，這些新生命的到來是要協助更多地球區域的生命揚升，他們是一起來協助地球的未來種子計畫的。我們的未來種子計畫已經於二〇一七年展開，將會由這群孩子帶領地球人類移入新地球。

這不是科幻小說的場景。在距離現在不到十五年的時間裡，你們會發展出超越過去二十年累積的科技進展，會欣喜這些讓人類刮目相看的科技發明來自這些新人類。

D.無意識生命的回收站

地球逐漸提升自身振動頻率的同時，會讓一些無法進入更高意識的生命集體流向黑暗的振動中。這是宇宙的平衡之道。只有進入黑暗的過程，才能羽化淬鍊出更純粹的靈性意識重生，而這些從黑暗中躍升的意識將帶給宇宙更新的能量。這個過程可能無法被人類理解，這是宇宙自體療癒與進化的機制，要經由這個過程才能創造生生不息的永恆生命存在，也才能平衡所有失衡的狀態。

解救地球的工作，前提在於蓋婭要恢復自體平衡的運轉，如同人類的身體需要回復平衡才能健康地存在。而當今，人類集體意識的揚升就可以助地球母親一臂之力。

＊　＊　＊

（編按：本書傳達的是來自莎雅與阿乙莎的訊息，以莎雅的訊息為主。遇到阿乙莎的訊息時，對話會以「我：」「阿乙莎：」呈現；若整章皆為阿乙莎的訊息，會在該章開始處說明。）

我：阿乙莎，原來我的靈性母親莎雅就是蓋婭。今日收到來自蓋婭母親的訊息，讓我覺得很沉重，也很困惑，這些是眞的嗎？

阿乙莎：這是對現在地球人類的訓練計畫。只有當你們能明白自己與地球的關係，你們才會有意識地提升進入新地球的軌道。否則，人類仍活在小我創造的虛擬世界裡，無視於地球就是人類集體意識的一面鏡子，直到地球因自身的需要必須揚升，留下錯愕的人類納悶：爲何太陽不再升起、海洋無法供給健康的食物、森林不再釋放芬多精和氧氣，而人類變成需要逃離家園，以躲避熔漿和火焰？

地球意識覺醒的時刻已經到來，這不是由人類決定的時間表，而是地球自體需要平衡的必然。這個重大的轉換早已驚動銀河邦聯的友好星球一起來支援，人類若繼續沉睡，就會錯過此難得的意識揚升盛會。

＊＊＊

莎雅，或是我該稱你爲蓋婭，剛才提到你在地球的主要任務是爲銀河創造意識培育基地，這一點我還是不太明白，是否可以說明得更清楚些？

你還記得你的天狼星父親雷巴特曾經帶你去看自己的實驗室嗎?裡面儲藏了三百六十多種情緒體記憶庫,你甚至還看到了天狼星上的情緒體驗館。當時,他還提醒你:「你要回去提醒人類,小心發展人工智慧類人類科技,不要爲了效率,而抹煞了人類最珍貴的情緒體的振動所創造的有情世界。」

是的,我記得這段。這跟你有關嗎?

當然有關係。孩子啊!你們就是這些情緒資料的製造機,你們的意識從投生進入物質世界的地球那一刻起,就展開情緒資料的創造和記錄工作。不只是人類,還包含所有在天上飛的鳥群、在地上的動物和野獸、河流和海中的生物,還有爲你們無聲製造氧氣、行使光合作用的花草樹木,甚至土壤裡面的昆蟲、微生物,乃至土壤下的礦石、水晶,所有存在地球上的生命物種都有其意識。而這些意識的儲存庫除了存在人體之內,連土壤下的水晶、礦石、山川、樹木和大地都有完整的記憶儲存。

打從你誕生在地球、大口展開呼吸開始,你就已經讓自己的生命意識開啓自由的流動。你的意識是連結著宇宙之光的神性,擴展進入物質世界中,讓光可以透過在地球的物質個體的行動,去體驗自身的存在。你們目前就身在龐大的意識流中而不自知。你的身體早就知道,你每一個細胞核內都儲存了地球自初始以來所有偉大的生命締造的情緒資料記憶庫,等著你繼續去創造和改寫它們。地球就是宇宙之光的源頭集體意識的創造和再培育基地。

啊？意識是處在物質世界裡的光？你這一段描述我還無法理解。

沒有關係，你現在不懂不代表你的細胞不懂。讓我們繼續向前探索，我會讓你慢慢憶起這一切的。

第二章　人類的地球責任

人類和地球合作，才能讓生命永續

近來地球各區天災頻傳，這是地球正在進行自我更新和療癒的現象。森林大火、大量的雨水和低氣壓將土地表層的結痂褪去，重新清理之後，人類會找到新的適應環境的方式。你們也會發現，愈是遭受嚴重的土壤侵蝕或人爲破壞的區域，地球就愈需要進行更新療癒。人類在地球生活，不可能不立足在地球之上而能延續生命，但是，地球又如何在承載這麼多人類和物種生命的同時獲得自身的滋養？

你們有想過下面這個簡單的數學公式嗎？

A＋B＝C

若A大於C，則B是負數

若B大於C，則A是負數

A與B就是人類與地球，而C就是宇宙分配給地球整體的能量分額。

人類不斷地想要超越C，可是自己又不能在失去B的情況下去超越C，A與B需要合作，互相支持與平衡補位。B就是當前的地球，過去一直任由A予取予求，然而，在宇宙運行的公式裡，C就是C，無法成爲D或E或任何其他存在。C需要維持在平衡的C的狀態，才能與整個銀河宇宙共存，否則就會被排除在銀河系之外。

你們在學校裡學習了許多基礎科學，這些基礎科學的根本就是**平衡**。你無法在任一門學科中看見無限，也不會在任何一個學科裡看到固定與有限。當所有的科學家都在嘗試新的領域，突破現有的極限，進入全新的領域時，他也只不過是打開另一個新的平衡現象的大門。最終，仍然要在那個新的領域裡與所有現象界取得平衡。

地球目前有許多調整，天災此起彼落在各地同步上演——北半球森林大火，南半球也開始著火，這些共時與同步現象是因爲地球整個密度正在向上提升，而在更高的密度中，實相的產生會更即時、更快速地顯化出來。你們東方與西方的距離已經拉得更近，若亞洲發生颶風或大地震，緊跟著大西洋這端也同步共振這個調整的頻率，而形成全球同步的天災現象。

這些現象不只會發生在氣候的極端變化上，包含經濟、農業、科技、醫療、政治等所有人類經由共同意識建立的行爲模式，都會集體發生改變。你們現在只向外看見B顯現出來的極端變化，對於包含在A當中的所有A1、A2、A3等自身更細微的變化不知不覺。你們必須拉升自己的意識，去看見你們已經不得不開始跟著B的變動而改變自己。

人類在這個過程中，最終會理解 A＋B＝C 的眞正意義。只有回到與地球和平共存，才能創造人類和地球整體永續的未來。

人類要為地球萬物負起傳承責任

我需要跟你說明，人類和地球其他的生命存在最大的不同，在於你們是行走在地球上的造物者，也是地球萬物顯化出的改革者與開創者。你們人類和我一樣，要負起生命傳承的責任，而這個傳承之道也就是宇宙運行之道。但是，現在人們還無法從自身內在取得宇宙之道的運行智慧，經由學習得到的知識仍然有限。在此，我將幫助你們了解宇宙萬物依循的法則。

動植物內在可以知曉宇宙運行之道，但，人類無法和動植物順利溝通，地球上的動植物被人類殖民和奴役了數百萬年。我需要將宇宙之道傳遞出來，讓地球人類和所有物種能完成進化，這個工作至關重要。若人類依然用自以爲是的方式掠奪其他生命的生存空間，消滅物種的生存權利，最終將會傷害人類自己的生存環境，而自食惡果。

人類原本擁有完整的宇宙意識，但因爲ＤＮＡ的封印，無法順利連結高我意識以獲得宇宙智慧和眞理，而你們又需要透過一部分意識來學習和適應地球的生活，從群體社交生活展開與其他物質生命的互動。這部分的意識會逐漸和身體的大腦合作，鍛鍊出看似獨立的思想與意識能量——小我。事實上，小我是靈魂在地球體驗過程之所需，但因爲已經與大腦建立活躍的互動關係，小我漸漸掌控了整個靈魂意識的發言權。

所幸，物質身體的細胞雖然受制於腦部發號施令，卻仍保有自誕生以來就能與高我意識連結的能力。你們去觀察動物和家裡的寵物貓狗，就會看到這些動物生病時，自然會去找尋解藥，也會知道什麼時候該遷徙避寒，這是身體和宇宙意識保持連結的自動機制。大腦雖然可以發號施令，告訴身體去進行某個行動，卻無法得知與掌控諸如心臟跳動、細胞的生長與死亡，以及血液朝哪個方向前進。你們的大腦對自己生命的掌控有限，身體細胞仍保有自主的智慧，會以細胞病變或生病等方式，發出訊息，讓小我重新調整生命的方向，也可以經由身體的自動機制，幫助小我重拾與更高意識的連結。

DNA重新校準，解開封印

其他物種和人類一樣，都連結著宇宙源頭意識的生命體，不論動物、昆蟲、鳥類，或是具有集合意識的樹木、植物、礦石，你們彼此的靈魂是一體的存在。只是當你們的DNA以不同的外顯基因展現時，你們彼此分離，去經歷生命不同的體驗。最終，這些生命的體驗和波動都存在宇宙的訊息場中。

人類演化至今並沒有比動植物更優越，最主要的原因是你們DNA內建的頻段出了問題。人類和動植物的DNA原本都是完美的組成，但人類的DNA訊息路徑部分迴路封閉，而動植物的DNA仍是暢通的。也因此，動植物仍能從自己的身體感知到整體大自然的脈動和宇宙的智慧，何時該遷徙、何時要冬眠、何時要交配，都是跟隨著身體感知到的大自然韻律，而活出生命節奏。人類因為DNA的封鎖，造成思想和身體語言出現斷層，只留下小我意識處在地球三次元維度，忘卻自身與高我意識是不可分割的存在意識。

人類的DNA在母體胚胎發育的過程中是百分之百完整狀態，然而有一部分的DNA束狀結構會與生命即將誕生進入的行星，也就是你們目前的地球相連結。所以當新生兒呱呱落地時，這個新生兒身上的DNA會與地球晶柵記憶庫相互連結，當地球的晶柵只能展開百分之三十的記憶體時，人類的DNA就只能接取百分之三十的訊息。

在亞特蘭提斯時期，地球晶柵是百分之百對人類開放的，然而歷經星際族群間的戰爭，地球的文明被破壞殆盡之後，地球的意識晶柵封印了百分之七十，這是惡意星球要阻斷地球新生命與更高宇宙智慧的連結，以掌控地球資源和所有人類。人類經過多次的輪迴和努力，將地球人類的集體意識不斷累積，目前地球的整體意識晶柵已經可以對新生命開放達百分之五十。這是人類共同努力的成果。

人類覺醒，創造新生命

你們的腦部有個靈魂訊息儲存裝置，這和你們的思想使用的區域不同。靈魂訊息儲存庫位於眼睛後面下視丘的位置，你們稱之爲松果體。這顆松果體之所以位於眼睛的後方，原本的設計是用來幫助人類以內在之眼去感知地球萬物，並與宇宙共同意識連結和溝通；此外，也藉由這樣的訊息裝置，將人類累世的記憶和知識世世代代延續下去。但是，當人類松果體的ＤＮＡ傳導區域被封印之後，你們出生後即使年齡增長，所能得到的知識或記憶，就只能固著在短暫有限生物體的生命期中創造的物質經驗。也因此，人類一直不斷地在物質體當中擺盪和重複迴圈。

造物者並沒有設計出弱肉強食的食物鏈，這是生命演化過程的展現。人類透過吃食其他物種來延續生命的方式並不是造物者設計的唯一途徑，而是人類自己共同的決定，然後你們又從自己身上的靈魂祖先們的ＤＮＡ傳承沿襲了這項技能。這是人類在地球上創造出來的生存法則，但即使如此，所有其他非人類物種投生到地球之前，早就已經明白終究會扮演被人類食用的角色。它們並沒有人類感官上的恐懼，你看見一頭牛被宰殺前的淚水，那是對眼前地球的不捨哀悼，它們沒有害怕自己的死去。有些動物和植物在被其他物種享用時，是感謝和喜悅的。你們認爲一個生命結束在另一個人手中是殘暴、不可原諒的行爲，但在宇宙法則中，仍有另一面你無法看見——那是一個生命在即將失去肉身的當下融入更大宇宙中的狂喜，那是靈魂再度擴展和重生的光芒。

人類的歷史自古至今，除了追求更先進美好的物質體驗外，你們的靈性生命並沒有太多突破。相對於物質文明的進展——你們在短短數十年間，可以從陸地航向月球，從人力車變成電動車，醫療技術突飛猛進——你們的心靈層次依然停留在研讀古時候留下的經典，那是因爲你們大腦處理的訊息被限縮在物質實相裡，對於超越地球之外的宇宙文明，你們無從探索和取得訊息。

也因此，人類縱使攜帶著最精密的身體智能、超越地球其他物種的創造力，仍然無法跳脫在地球上不斷重蹈覆轍、一直輪迴的宿命。

當人們的松果體漸漸恢復和宇宙連結的動能，就能夠穿越帷幕，契入地球人類集體意識的圖書館，並開始收到來自宇宙的邀請。這也是幫助地球進入銀河軌道的禮物。你們已經可以憶起自己的源頭，更發現自己不僅僅是行走在地球上的生命，你們身上還擁有宇宙所有過往生命世代累積的共同記憶。現在，你有權利揭開讓你長久以來被隔絕在宇宙之外的簾幕，一起踏入宇宙人的世界。

之前你的靈性父親教你如何契入晶體，進入宇宙源頭的合一意識裡；現在，爲了讓你憶起屬於你自己最初始的生命智慧和宇宙運行法則，你要開始學習和憶起：人類和地球生命是一體的，你們身上擁有連結宇宙萬物的能量，只要你願意，就可以連結上，重新找回自己來到地球的目的。

第三章　地球生命的起源、延續和揚升

地球是宇宙意識的孵育基地

在四十五億年前，地球是從光的世界墜入宇宙黑洞中再誕生的一顆晶體，而這顆晶體也是宇宙意識場的延伸。你若是將整個銀河系視爲一個具有智慧的超大集合意識，就不難想像這個集合意識中仍會有需要滿足和表達自身的不同意識存在。

銀河議會發現有許多意識仍然無法和銀河系集體意識有效地融合，也就是在集體意識之外仍有游離的意識粒子，這些游離粒子在聚合的過程中，會不斷地被拋出銀河宇宙之外。這些游移在銀河宇宙集體意識之外的粒子會被吸入宇宙的清道夫，即所謂的黑洞裡，而當這些游離粒子再次從黑洞裡轉化誕生時，就會呈現出初始的晶體狀態。這就是地球和所有其他新星球誕生的原因。

地球是從銀河系的黑洞中誕生的新星球。這顆星球非常特別，從地球表面可以看到，它與其他星球最大的差異，在於地球的**水元素**非常充足。地球表面有百分之七十是由海水覆蓋，這些水就是黑洞中未被消滅的游離意識重生後的物質態現象。水即代表地球具有靈魂意識。你可能會好奇，難道其他從黑洞中誕生的星球沒有水嗎？沒錯，有百分之九十五的新誕生星球都只有礦物或火元素，很難看到具備充分水元素的星球。

銀河集體意識看見從銀河黑洞中誕生一顆美麗的藍色星球時，都非常興奮，因爲這代表游離粒子即使無法融入銀河集體意識，也不會就此消失，它們仍然具備再次凝聚重生的本能。這是非常令人振奮的結果，也讓存在於銀河集體意識的我們知道，即使失去與銀河集體意識的連結，仍可以從黑洞重生，連結回到銀河宇宙的集體意識中。

爲了保護這顆滿載游離意識的銀河意識重生，銀河系將地球安置在獵戶星系的手臂彎裡，像母親懷抱嬰兒一樣地護佑著地球。同時，爲了讓地球能成功孵育重生後的靈魂意識，返回銀河軌道，特別將太陽和月亮安置在能夠幫助地球穩定運行的太陽系軌道中。這一切的安排都是爲了讓靈魂意識重生在地球時，仍可以保有絕對的自由意志，讓在此的意識可以繼續擴展和延續銀河意識的孵育計畫。

蓋婭母親，你說爲了宇宙意識的孵育，目前地球的位置是被銀河聯盟特別安置與保護的。那麼，太陽和月亮的用意是什麼？

這是銀河聯盟所有星系的代表共同決議的。銀河邦聯在地球運行的太陽系軌道上安排月亮和太陽的位置，最主要的目的是要讓地球上的意識能在陰陽兩極的運作中持續再造出動人的意識結晶。太陽是地球上的陽性能量，月亮是陰性能量，在陰陽兩極之間創造無限的意識擴展，再創造和平衡。人類和地球萬物得以在此環境中生生不息地延續新生命，創造化育萬花筒般的動人音符和美麗的地球生命。地球是銀河系的珍貴珠寶，是爲宇宙意識的持續拓展而存在的星球基地。

所以，我們人類只是實驗室中的白老鼠嗎？

喔！我絕不會如此稱呼你們，也不會把我自己視爲實驗室守門員。別忘了！你們都是最勇敢、最優秀的靈魂戰士，每一個人都早已經淬鍊出特別光亮的品質，才能有此機會來到地球。**你們是爲了再造其他宇宙生命和平衡地球整體意識而來到地球的勇敢戰士，你們每一個生命都曾經展現超越地球意識水平的振動頻率，才會雀屛中選，進入地球再次體驗。**

地球已經這麼多年都很平安，未遭受星球的撞擊，太陽和月亮也維持在一定的距離和軌道上運轉，銀河邦聯是如何安排地球的位置？

這個銀河軌道計畫是由銀河議會決定，我無法詳細說明，只能大致描述一下。

地球上方有許多格柵般的網格，銀河宇宙可以透過網格能量線傳送星球的座標到地球中央水晶，將地球磁極限制在某一個範圍之內，並設定太陽和月亮相對於地球網格的位置。

爲了讓地球繼續承載靈魂意識的重生和孵化使命，銀河系準備了充沛的資源給地球，讓地球所有的生命體可以生生不息地繁衍下去——這些資源包括一顆充滿光與熱的太陽。太陽之神仍由銀河宇宙掌管，你們無法接近、也無從探索太陽的原因是，一旦人類進入太陽，可能就會讓地球的能量無法穩定。而月亮也是爲了拉住地球不偏離太陽系軌道的衛星設置，最主要的功能除了提供夜行性動物和海底生物光的來源之外，還透過月亮的引力拉住地球，好讓地球與太陽保持一定的距離。

所以，地球是靈魂意識回到銀河系的重生站？

可以這麼說，但目前地球上的新靈魂正在誕生，也不光是舊意識的重生，這裡也已經成爲新靈魂的訓練基地。已經有愈來愈多的新靈魂意識誕生在地球，這些新的靈魂意識都是銀河系的資深靈魂意識分離出來植入地球的，是來幫助地球的整體靈性意識再次擴展與成長，也就是扮演指導師的角色。他們需要一個具備生物體的分身和地球人類一起生活，才能在人類社會群體當中影響人類的思想行爲。你們自古至今有許多聖賢就是來自宇宙更高意識的靈魂。

那麼我現在正在溝通的地球母親蓋婭，你是地球上的集體意識嗎？

我是你的靈性母親，也是地球的母親，你可以稱呼我的名字莎雅，或是以地球人對我的稱呼「蓋婭」來呼喚我。我是地球整體存在意識的守護者，我現在就在地球之心，位於地表下三萬五千英尺。我並沒有生物體的載具，我的意識可以和銀河意識接軌，並接收來自銀河議會的指示。你的其中一個靈性片段就是由我分離出來的新靈性種子植入在地球上，在你之內有我的存在意識。我是地球的母親，也是你的靈性母親。

我若以位於地心的存在意識來說，是位在第五次元，這是我可以存在於地球的形式，但我也擁有其他靈性片段，分別存在於宇宙不同的次元。我最高的存在是位於更高的次元，你們稱我為埃西斯女神。我們都是靈魂意識的組合體，你和所有人類都是，只是當你們以人類的物質形態進入位於第三次元的時空時，因為DNA封印，無法憶起自己同時存在所有時空的靈魂意識片段。

其實地球上除了人類之外，地球的下方也有高次元的人類形態存在意識及具備生物形體的超覺人居住，我的其中一部分靈魂意識就存在地球下方的列木里亞。這裡不僅擁有超越地表數千年的文明，其集體意識也已經擴展至第五次元，並與銀河聯盟保持連繫。

雖然位於地心，這裡的人不認為自己是獨立於銀河之外的太陽系族群。他們除了具有銀河宇宙集體意識，也認知到自己生存的地球如同人類一般，具有生物體、乙太體和星光體。地球的肉身是一顆孵育萬物的星球，乙太體則是居住在地球之上的所有生物的智能系統，你們統稱為生態系統，而地球的星光體，是與銀河宇宙相連結，以太陽為中央軸心，錨定遠在八百光年外的獵戶星系，形成一條如同嬰兒連結母親的臍帶那樣的銀帶，一直延伸至獵戶座的核心。

之前和你提到，宇宙游離意識進入黑洞後，又可以融合匯流回到地球。對整體銀河系來說，再生後的靈魂意識正由地球扮演孵育和保護者，你們也將在此完整自己的靈魂體驗後，再次返回銀河母親的懷抱。

宇宙源頭有計畫地創造生命

在三次元的地球，人類生育繁衍下一代是一個自然的孕育過程。不用經過太多的精密演算或討論，當你們準備好爲人父母，就可以誕生出一個新的生命。這個新生命的靈性源頭組成與你可能一點關係都沒有，你們沒有權利決定這個新生命的靈魂組成，當然也不會在你們的生育計畫中討論。

當你們的孩子進入十二歲，他的靈魂意識開始萌芽，作爲這個生命在地球上的父母，你們才發現這個孩子有著自己的主張、人格特質和天賦才能。這一切都不是你們安排的結果，你看見你們生物體繁衍出來的生命，是一個被賦予的過程，而不是有意識創造的結果；也因此，在地球的維度，你們重新創造一個如你所願的生命種子的能力是有限的。

這就是靈魂意識處於物質體和更高集體意識中的不同之處。生命的靈性種子是源自宇宙高次元的造物者有計畫的創造過程，這不是機率，不是賦予，不是命運的安排，而是源自集體意識場域的生命平衡法則。最高的靈性源頭意識具有平衡宇宙能量的偵測系統，也因此，由源頭意識誕生出來的靈性種子都攜帶著平衡宇宙的使命。從更高的維度來看，這些靈性種子不是爲了體驗而被創造，是爲了維持生生不息的宇宙法則而進行的靈性種子誕生計畫。

你們的靈性父母有意識地爲宇宙能量的平衡，定義了每一個生命的靈性種子計畫。你也會發現，許多人是由相同的靈性源頭組成，你們是靈性的孿生兄弟姊妹，但這並不代表你們的地球體驗會朝向同一個目標前進。剛才有提到，你們的靈性種子進入你們的生身父母之後，就已經展開不同的體驗道路，你們身上連結著來自生身父母和祖先的意識片段。雖然你們回到源頭的路程不見得一樣，但最終，當你們回到源頭時，這些來自你孿生兄弟姊妹的體驗，可以回到共同意識場，豐富你們彼此的意識。在源頭，你們是一體的意識。

當你的靈魂意識覺醒，進入更高的宇宙次元與自己的靈性源頭合一時，你會超越物質身體的限制，展開跨維度、跨次元的創造。在此你將有機會創造出另一個意識種子，但是，你必須先完成自由靈魂的階段性學習，才能被賦予創造新靈魂的造物者權利；而於創造的同時，你晉升成爲自己所創造的靈性子女的守護者，你們認知的神性之旅就此展開。

DNA預存生命演化和意識節點的編碼程序

你的靈魂源自你的源頭神性意識的組成，包含你最初始的神性意識，還有靈性父母各自分離出一部分的靈魂意識，分別由陽性和陰性能量組合而成。這個被分離出來的新靈魂意識是一群帶著完整編碼的粒子串連組成的，而這個束狀結構的物質呈現，就是你們在顯微鏡下看到的DNA。

DNA由許多帶電粒子組成，這群帶電粒子凝聚組成的過程中會產生非正負電的等離子體，你的靈魂意識就存在其中，不具備導電性，但可以由帶電粒子經過光的折射，產生具備磁引力的意識場。若取出一節DNA來分析，你無法看見非粒子形態的意識存在。你無法看見與摸到意識，意識是非物質的存在，以特殊編碼嵌入你們的DNA裡。當你父親的精子和母親的卵子結合成受精卵時，這顆受精卵就同時儲存了來自你源頭的靈魂意識組成，我們稱之爲靈魂DNA。這時尚未出母體的靈魂DNA是完整的，是沒有瑕疵的存在。

靈魂DNA有不同層次的意識節點，當你們的意識振動頻率突破每一個節點，就可以經由該節點編碼連結廣大的意識場體，從你自身的感受體開始，向身體以外延伸至宇宙的集體意識場。人類細胞DNA攜帶的靈魂意識總共有十二個意識節點，每跨入一個節點就可以擴展你的意識，向更廣大的集體意識靠攏，最終到達人類可以企及的宇宙源場。

進入宇宙源場的入口就存在你身上的DNA節點，從你的意識擴展開始展開連結，最終契及宇宙集體意識群；而宇宙意識群最終到達的是太極之初的場域，這個場域是光的世界，是人類的靈魂意識尚無法企及的領域。

尚未完善的靈魂意圖讓生命不斷延伸體驗

進入新生命的開始，來自意識創造的生命動能。當人類的身體結束運作時，仍有一部分的能量不受身體系統死亡的影響而繼續存在，那就是位於你們中樞神經系統中的靈性能量流。這些圍繞著全身細胞和循環系統的電流會在身體停止運作後，自動回流到腦幹下方後頸部的靈魂回收中心，透過這個回收站將你的靈性能量上傳至頭頂上方六吋的晶體中。

你在有意識地進入自己晶體的過程中，僅使用不到百分之一的電流就可以進行訊息的傳輸和解碼，你的身體、大腦、器官、細胞則占用了百分之九十九的能量，讓身體可以正常運轉。當身體不再需要使用這些能量時，就會全數回流到你的晶體，進行訊息儲存，而靈魂意識也會在此時透過晶體傳送到位於阿卡西紀錄的生命訊息儲存區等候。

生命結束之後，經由晶體帶回阿卡西紀錄等候區的訊息會與全部人類的資料庫再次匯合，成為更新後的集體意識。你會攜帶更新後的集體意識，伴隨著你尚未完成的生命意圖，進入生命的選擇區，也就是再次進入新生命的循環。而此時，你尚未完善的生命意圖會與要和你一起完成這個生命意圖的靈魂意識融合，成為下一個新生命的生命藍圖延伸版本，進入重生的體驗。

所以，現在的你是過去所有人類的集體意識，以及要和你一起完成尚待完善生命意圖的靈魂意識再一次結合之後，進入這個世界，你是包含自己、他人和所有人類集體意識的一個全新的生命。當你完成此生的體驗，又會回到阿卡西紀錄中，改寫集體意識資料庫。所以，每一個生命都是過去的一個結果，更是未來的希望種子。你們正在生命的恆河中不斷創造彼此的更新體驗，為邁向宇宙合一的意識而努力。

當你了解生命的再生循環機制，會對如何善用這一次的生命有全然不同的認知。你會使用自己的生物腦去想像出一個和自身攜帶的靈魂意識總合無關的全新生命歷程，抑或去找回此生攜帶的生命意圖，從認識你到底是誰、為了什麼目的來到此開始，與自己尚待完善的生命意圖重新對焦後再次創造？這是兩種全然不同的生命之路。

人類過去因爲無法憶起自己的生命藍圖，在靈魂ＤＮＡ封印的狀態下，讓生命在有限的生物腦中不斷以創造爲名，碰撞出周而復始、不斷輪迴的生命之路。這是你們過去熟悉的文明創造之路，然而現實狀況是，地球資源在短短的兩百年間便損耗殆盡。

你們的生命再生循環系統只能儲存人類的靈魂意識，你們在此創造的物質、身體、房子、車子、加工食品、機械等，都只是讓你們體驗和重新憶起自己是誰的工具與生活輔助。只有當你們去找回生命的藍圖，表達出自己生命最初始的意圖，爲生命藍圖創造更新的體驗，讓自己的生命走入絕對的創造之路，才能幫助所有人類和地球。

將創造聚焦在物質生活的顯化，在排擠、對立和競爭衝突中創造出優勝劣敗的生命道路，都是你們的生物腦創造出來控制自己和他人生命的伎倆。看穿小我的恐懼與陷阱，回到圓滿自己和他人生命的意圖，以創造人類集體意識的揚升爲目標，你們才能從創造中找到圓滿生命的道路。

之前阿乙莎傳達給你一連串的教導，例如脈輪暢通、中軸穩定、業力盤點等基礎練習，就是要幫助你們突破細胞對情緒感知的誤解，讓身體細胞回復到達全面的理解；若無法穿越身體及細胞潛意識的枷鎖，你們就無法進入更高意識的連結點。細胞總是重複進入無預警的放電，釋放出來的電子訊息就會讓人類的情緒體不斷引導你們的大腦產生無意識的行爲，這個細胞放電的過程一部分是細胞內的靈魂ＤＮＡ累積的業力印記的影響，也有一部分是來自此次的新生命新體驗所產生的結果。

第四章　意識超越身體宇宙而存在

人類意識是超越身體的存在，你們可以經由意識下達指令給身體，影響身體自動運行的規則。身體是靈魂的載具，最主要的設計目的是用來服務你們的意識體。人體本身具備與地球和大自然環境自動調節的平衡機制，就如同地球本身具有自體平衡能力一樣。若地球是爲了服務宇宙集體意識而存在，那麼，人類的身體就是爲了服務人類的靈魂意識而存在的小宇宙。

也因此，若能更了解身體宇宙的運行法則，就可以透過有意識地帶領身體，創造出更和諧圓滿的地球生活，也可以締造出更高振動的地球集體意識。

你們可以學習檢測自己目前身體系統的運行狀況，有意識地輸入訊息給自己，修護如今已經逐漸失衡的身體宇宙系統。**當人類可以重獲健康的身體，維持中軸的穩定暢通，就是在幫助地球的集體意識更新。**

身體宇宙具有自動平衡的運行機制

人體和大自然萬物一樣，由地、水、火、風四大基本元素構成，呼吸幫助運轉內在宇宙，協

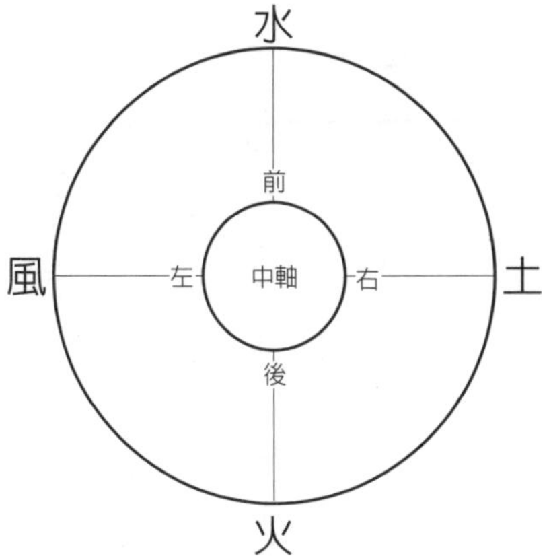

太陽升起
身體運行軌道

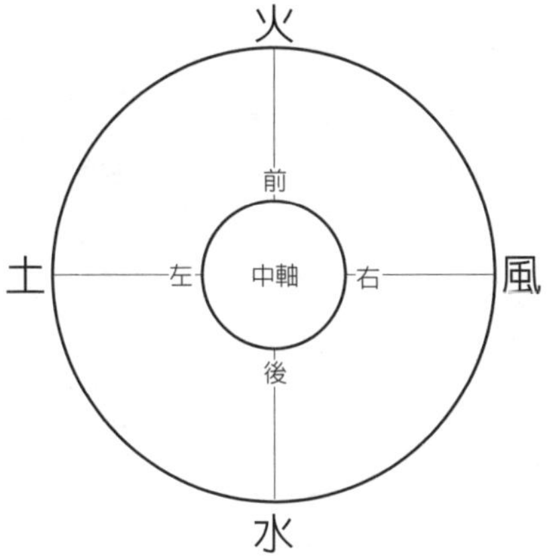

太陽西下
身體運行軌道

助身體與大自然和諧共振，維持生生不息的自體運行。身體宇宙經由四大元素構成的身體系統，如行星般環繞著恆星運行，以維持各行星之間的平衡，而這四大元素的行星之運行和地球的運行息息相關。**地球透過日月星辰維持穩定平衡的運行，所以，人類身體系統形成的小宇宙也是跟隨日月星辰自動運行。**

如上圖，若從北極上空看向人體，身體宇宙是呈現逆時針方向自轉；而站在南極上空看，身體宇宙則是呈現順時針方向自轉。身體中軸的正前方脈輪的出口，代表的是身體顯意識的觀點，而中軸後方的脈輪能量出口代表的則是潛意識的觀點。通常人們只習慣用脈輪前方的出口，也就是顯意識觀點去看見世界物質層次的顯化，忽略自己身體隱藏在眼耳鼻舌身五感之下的潛意識層次，被身體四大元素的能量影響，而創造出不同的潛意識認知觀點。

從上頁圖身體宇宙的位置隨著人類生活的地球與太陽的相對位置同步自轉的過程，就可以發現，當早上太陽升起時，身體的正後方是火元素，正前方是水元素，代表人們早上起床後，潛意識就自然而然地用陽性面的觀點向外投射和表達其自我意志；而當身體宇宙隨著太陽西下後，此時火元素已經轉入身體正前方，而身體正後方則變成水元素，因此入夜後，人們的潛意識傾向用陰性的水元素觀點向外投射。

意識可以轉動身體宇宙

人們在無意識狀態下，身體宇宙隨著日出日落，從火元素轉入水元素，進行日夜自動平衡運行。人們只看見顯意識的物質世界面向，其實正是由潛意識身體所創造的動能。人類的潛意識深深影響物質世界如何顯化，也影響生命的運行軌道，而一個意識完全甦醒的靈魂，可以超越物質和日月星辰的限制，成為隨心所欲的自由靈魂，從此意識超越身體，成了為服務靈魂更高的使命和目的而存在的工具。

練習：意識轉動身體宇宙

可以透過簡單的手指操練習，看見意識如何影響自己身體宇宙的能量運行軌道。

在白天做暢通脈輪手指操時，若你用右手握住左手的手指頭，身體氣流會自動呈現正旋；相反地，若用左手握住右手，身體氣流則自動呈現逆旋。

現在若是白天太陽已升起時，用意識調動自己的身體元素，將水元素轉入自己身體的正後方，此時等同給身體一個指令，讓它進入太陽西下的狀態。接著，再次用右手握住左手的指頭，你會發現，此時身體氣流呈現逆旋；相反地，若用左手握住右手，身體氣流會呈現正旋。

而當身體進入夜晚時，身體元素自動呈現水元素進入身體後方的狀態，此時若用右手握住左手指頭，身體自動呈現正旋；但這時若對身體下達一個指令，進入白天模式，身體正後方呈現火元素，然後用右手握住左手指頭，身體反而呈現逆旋。

透過以上的練習就可以發現，你的身體宇宙跟隨著日月星辰自動平衡運行，但意識可以超越身體運行的軌道，經由調動身體元素，創造不同的身體運行結果。

檢視身體四大元素的能量現狀

如果可以有意識地覺察自己的身體宇宙運行的狀態，隨著日月星辰的脈動順流而行，你們將可以活出健康快樂的生命品質，也不會讓自己的身體細胞處在亂流中，不正常地放電。自然而然，身體可以在順流中讓你們更快連結更高意識，獲得靈魂源頭的指引。

現在練習檢視身體四大元素的能量現況。從中軸出發，身體分別站在四大元素點上，去感知這幾個元素在你身體宇宙的狀態。每一個元素分別代表你目前身體宇宙相對於整體環境產生的能量強弱反應，而每一次的元素偵測後，都需要回到中軸起始點，再前往下一個元素點進行偵測。

若移動身體、站在元素位置點上，感受到身體朝元素方向移動，表示身體該元素的能量超過環境平均值，會造成中軸偏向該元素的位置移動。

若站在元素的位置點上，感受到身體朝中軸中心方向移動，則表示該元素的能量低於環境

身體元素檢視與調整

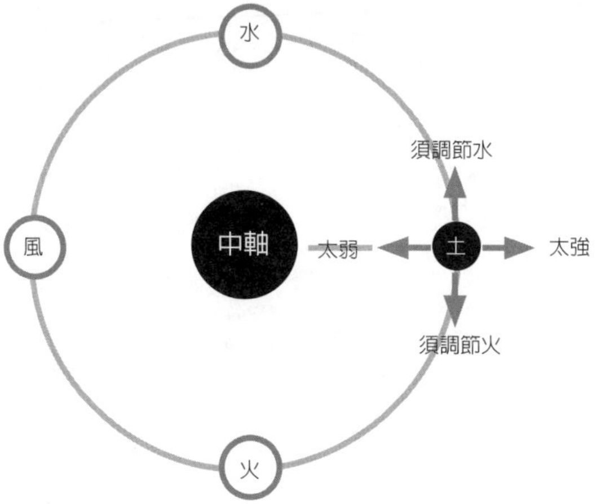

平均值，造成朝元素的對立面方向移動。

若站在元素的位置點上，身體朝鄰近上下或左右兩方的元素方向移動，則表示需要進入移動方向的元素位置點上，進行同步調整。

若在元素位置點上，身體沒有移動，只是原地自旋或擺動，表示元素不夠活躍，需要重啓該元素的能量流動。

在檢視身體四大元素的能量流動時，你只需要跟隨身體進入四個元素點，讓身體自動擺動或移動位置。完成四個元素之間的相互調節，再次回到中軸後，你會感受到身體更加平衡、放鬆，中軸能量流動順暢，而中軸能量出入的管徑也會同步擴展。

調動元素力量，以擴展感知能力

從身體四大元素的角度去觀察，你會發現，站在不同的元素位置會讓你的感官產生不同的感受。事物本身並沒有變，而是你的意識透過不同的元素濾鏡，相對於該元素的角度獲得不同的感知結論。意識創造自己的實相正是如此運行的。

以下說明每一個元素對應的身體位置和能量品質。

元素	身體位置	感知	能量流
火	身體右半部	熱情	光明與希望的陽性能量，從心智與理性出發，改革突破現狀的物質顯化的能量（今日人類最習慣使用的能量舒適圈）。
水	身體左半部	情感	情感的陰性能量展現。從感情出發，可以同感對方的立場，讓彼此融合。
土	腳底延伸至地下	行動	務實和固守疆土，以奠定安全的堡壘為基礎，做出具體和扎根的行動。
風	肩膀上方至頭顱	靈感	探索未知，天外飛來一筆的靈感，為事情找出曙光和生機。

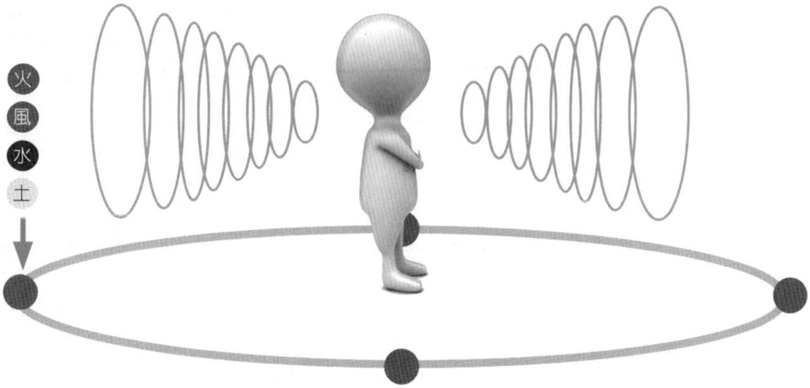

意識調動身體元素，以擴展感知能力。

當身體中軸不穩定時，各元素進出身體的運行能力就會受到干擾和限制，也難以更全面的角度平衡環境的衝擊。早期人類深諳引用不同元素的力量，進入身體後方潛意識的場域，來輔助有限的身體感官系統，延伸出對未知事物和周圍環境的全面感知能力。

意識連結大自然，獲得療癒能量

身體宇宙能量失衡時，還可以透過意識連結大自然無條件的愛，獲得能量的融合與補給，幫助身

體恢復平衡運行。無條件的愛的能量存在大自然萬物中，只要你提出請求就可以獲得。而每一種大自然生命都有其獨特的療癒和平衡生命元素的能量品質，你們必須自己去找出屬於你當下需要的能量品質組成，來幫助自己的身體復原。

古代的巫師就是透過連結大自然的山川、樹木、植物、礦石的療癒能量，來幫助人們獲得元素的補給和平衡。但現在的人類文明仰賴化學藥物來取代身體本有的智能系統，人類也因此和大自然失去連結，自己阻斷了來自大自然無條件的療癒資源。是時候重新認識和理解原本就存在人類自己內在的自癒力了，重新和大自然取得連結，就可以幫助自己的身體宇宙重獲平衡。

第五章　珍貴的地球水元素

水元素是地球創造多元生命的最初始元素，若無水元素，就無法長養出繁茂的植物和樹木；沒有樹木，就無法創造火元素及適合人類生存的環境；而若無火元素，就無法燃燒分解動植物，滋養豐富的土壤和大地，創造出生生不息的地球生態鏈。**水元素是形成地球萬物生命最初始的元素，也是幫助人類與地球萬物連結的重要元素。**

有水存在的地方就具有意識，天上的雲朵、空氣、雨水、海洋、河川、土壤、花草樹木、動物、礦物，甚至細菌、微生物，都有意識。整個地球就是生生不息的意識儲存庫，你們都在此準備重生回到更大的宇宙源頭集體意識群裡。你原本就可以連結我，如同我也可以連結你，我們是一體的存在。現在，讓我帶你往前，去看見地球上生生不息的生態系統是如何演化出來的，你就會明白自己身上擁有非常珍貴的意識能量，它可以幫助你連結宇宙萬物，也能帶你回到源頭的家。

來到地球完整體驗愛的先鋒

地球剛成形時並沒有任何移動的生物，也沒有花草樹木。一開始，地球上只有土壤、礦石、水、岩洞，這些岩洞可以直達地球之心。地球大約有二十億年的時間都是這樣的景象，沒有任何其他生命形態存在。然而，此時地球萬物的集體意識仍是非常活躍的，你可以進入自己的內在宇宙觀想二十五億年前的地球景象，看看地球上第一個意識從何而來。

我試試看……深呼吸，進入更深的冥想去找出答案。

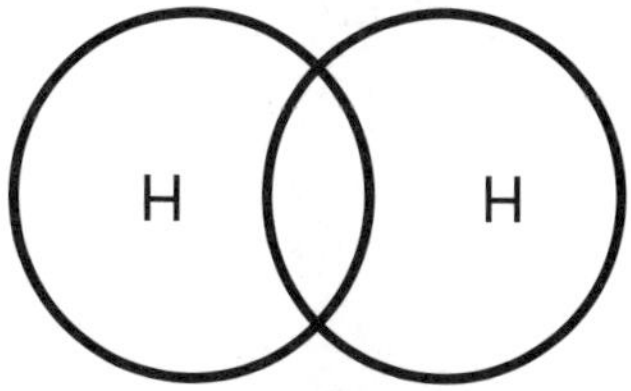

（二十五億年前，來自銀河宇宙的游離粒子流進了宇宙的黑洞，從黑洞中誕生出許多新的星球，地球也在其中。剛誕生的地球空無一物，卻有許多粒子正在凝聚中。最先出現的第一個元素是氫原子（H），當第一個氫原子H在地球上出現時，它自己產生了一個念頭……

「我是誰？我消失後不就沒有我了？我需要尋找出另一個我，我才不會就此消失！」

在這樣的想法振盪中，H就從自己身上分離出一模一樣的H。兩個H彼此相望，你看著我，我看著你，然後H又出現一個想法：「你若是我，那我又是誰？你若不是我，那你是誰？」

兩個H在相互的對望和振動中，產生出分離的二元意識。兩個H一起在地球上遇到空氣中的氧，形成了水分子H_2O。這些融合了兩個H的意識粒子形成的水持續朝有太陽光的方向移動，太陽照射在水面上，折射出多種不同的光譜，這些光譜呈現不同的振動頻率和能量，而這些能量經由水流入土壤中、進入空氣中，誕生出豐盛多樣的土壤元素，孕育出千千萬萬的地球生命。）

蓋婭母親，我看見地球最初始的意識分離後顯化出地球的水元素。那麼，為何第一個H會產生念頭？

是的，循著這個認知，我們更深入一層去理解。你看到第一個H生出的想法沒有？

有啊！「我是誰」，那是個疑問句。

是的，沒有錯！就是這個「我是誰」的疑問句展開了地球的意識記錄器。從最開始的「我是誰」，到「我不是你，你不是我」，再到後來的「你是誰」，最後延伸出「我們是誰」「我們不是你們」「你們不是我們」「你們是誰」……這些意識繼續演化出地球萬物生生不息的意識振盪頻譜，更經由人類自由展現的創造力，完成了銀河宇宙情緒資料庫的建置。而這所有的意識振盪底下，都帶著相同的目的。

什麼目的？

就是去**體驗愛**。

我不懂，我無法將「我是誰」的問句和體驗愛連結在一起，這太跳躍了。

你再進入問句裡面。你現在就站在問句面前，看見發出問句的自己，是什麼樣的內在振動能量推動你發出這個「我是誰」的疑問？那是一股什麼樣的力量，驅動你去展開？細細地品讀自己的問句，背後有著一股無形又幽微的振動，就是那個振動帶領你往前走，而那個振動能量就是「愛」。

每一個生命為了體驗愛，不斷創造出一顆顆動人而璀璨的愛的結晶。

你無法在你之外得到愛，也無法用任何語言和文字描述愛，只能讓自己親自經歷和體會愛。愛在你創造的分離意識的振動中，重新回來與你連結，這個分離後再次體驗的過程，幫助你認出存在你之內的愛的能量；你透過自己情緒意識的流動，去完整無數次愛的體驗。沒有經歷分離的過程，你無法體會到這股存在你自己身上的愛的能量，也無法繼續滋長和精煉出屬於你所創造的愛的獨特品質，那是經由你生生世世生命的光譜出的動人樂章。每一個生命就是一首愛的進行曲，每一個人都在不同的生命故事裡體驗愛，最終再創造出一顆顆動人而璀璨的愛的結晶體。你們就是完整的宇宙集體意識來到地球完整體驗愛的先鋒。

水包含了宇宙萬物的生命訊息

水是意識融合後在三次元的物質態現象，是幫助人類ＤＮＡ傳遞細胞電子訊號的導體，失去水分，ＤＮＡ就失去其連結的能力。如同乾涸的沙漠無法滋長和產生氧氣的來源，生命需要陽光、空氣和水，而陽光與空氣是源自銀河宇宙，水則是地球萬物生命體中的意識存在現象。

若以更宏觀的角度來看，水是承載所有生命的「愛的體驗資料庫」。你們已經有科學家發現水可以接收人類的情緒振動，也可以傳送訊息。水分子是許許多多的晶體所組成，在顯微鏡下，你們可以清楚看到晶體結構。地球上的所有生物都是意識組成的晶體結構，一旦失去水分就會失去物質生命，你們找不到任何一個地球生物是不需要水分而能延續其生命的。

過去，你們以爲水僅是地球的物理現象，是來自空氣和海洋的水分凝結後產生熱對流的結果。人類將水當成上天送來的甘霖，殊不知那是你們靈魂生命最初始的愛的能量凝聚出來的地球物質。水可以幫助生命意識相互連結，其流動的過程可以融合與匯集所有靈魂意識。人類生物體死亡、靈魂脫離身體之後，如一縷雲煙回到空氣中，而空氣中的水分子裡仍存在著意識，只是你們無法以肉眼看見。人類古老文明傳承下來的宗教裡有聖水和受洗的儀式，你們就更能理解這些前人發展出來的宗教儀式中隱藏的智慧和意義，因爲古老文明都認爲由我——地球母親——儲存的古老井水可以淨化你們的意識，賦予靈魂神聖源頭的光。

我再從水的形態這個角度來幫助你了解。你看見水和固體最大的不同點沒有？水無所不在，存在空氣中，也能依附和融入固態的結構裡，還可以獨自存在，這些和意識能量的存在是否一致？只是意識無法被具象化，意識在空氣中，也依附在生命的結構體內。無形無相的意識和具象的水分子都是由帶電粒子所組成，水可以移動帶電粒子，成爲導電體，而水的導電性比任何固態物質更好的原因，是其粒子可以非常活躍地分離與融合。帶電的粒子在如此的振盪中產生磁引力，這個磁引力也就成了意識的動能。

人類是高次元意識播下的愛的種子

之前你進入生命選擇區時感受到，所有粒子都帶有電位，也會從不同的極性中尋找可以與之相吸的極性。這個分離的電子在尋找與之中和的電位的過程中，就創造出生命本體和生命體之間不斷運行的磁引力，而讓最初的粒子產生分離的動能，乃源自充滿整個宇宙空間的愛的能量。

愛是萬物振動的基本語言，也是宇宙所有生命的動能。你們古代的聖者看見宇宙生成的法則，體會出道生一、一生二、二生三、三生萬物。若你現在再仔細探究下去，道爲何會生一？當宇宙最初的H粒子存在時，爲何生起一的動能？這個動能來自哪裡？你們看見創造一之後的萬物升起，那只說明了物質顯化的現象，而現象背後的驅動能量至今沒被人類理解，那就是「愛」。若是沒有愛，就無法形成一切空無之中的動能；沒有這股動能，就不能從光折射出不同的物質元素，並周而復始地創造生生不息的生態。所以，宇宙銀河系、乃至地球，只要生命存在的地方一定會有不斷想去體驗和完整愛的分離意識，一個有黑亦有白、有正極也有負極的世界。

只有愛的能量可以驅動粒子展開行動，而衆多粒子尋找極性平衡的過程產生的磁引力，創造了宇宙萬物的顯化和天體的運行。**愛才是生命最初始的原動力**，你們找不到任何一個看不見愛的影子的生命，所有生命都是愛的顯化。你們也無法限制愛的表達形式，你們看見的戰亂、邪惡和破壞行爲，也是愛的投射與展現，只是人類以小我的局限性認知，將各種形式的愛的顯化過程貼上了不同的標籤，將對與錯、黑與白、是與非的價值觀投射到整個生命的體驗過程裡。**當人類開始投射價值標籤之後，就限制了對愛的表達，甚至忘了自己的生命本身就是愛。**

生命一旦停止體驗愛，組成生命的粒子就會失去流動的能量，剩下純粹的「空無」，也無法讓生命開啓創造的能量流。只有當「愛」被渴望、被連結、被激發、被轉動、被允許、被擴展，才會讓生命繼續地延續和創造出宇宙萬物持續不斷顯化的動能。現在你很清楚了，來到地球、和宇宙分離，就是要完整去體驗愛；只有讓愛與你分離，你才能體會出你原本的面貌，本自具足的愛。但有一個重點：必須有個方式讓宇宙的流動粒子可以體會和感受到愛，人類於焉誕生。

你有沒有發現，人類生物體並不是從地球生命演化出來的；人類是在地球生態鏈已經趨近完整，足以讓任何生命自給自足的狀態下才被植入地球。人類的基因是由星際存有的靈性種子所植入，你們的體液中攜帶著身體小宇宙的振動粒子的訊息，採集血液或尿液就可以知道自己身體系統的健康訊息指標。雖然這些訊息無法被你們的感知系統察覺，但身體細胞會知道，人類身體有自己的防禦與智能系統來協助判斷這些訊息，並進行自體的療癒和演進。

而這背後最主要的目的，是希望宇宙意識得以透過地球三次元維度持續擴展和更新，經由靈魂進入地球場域、展開靈魂自由創造的過程，來更新宇宙集體意識。

第六章　生命之樹蘊藏豐富的宇宙智能

你們已經理解宇宙粒子運行的磁性源自同性相斥，異性相吸。若我們從同一物質體內觀看此相吸與相斥的粒子，就是生物體的循環系統；將循環系統向外擴大與融合，就是環境；將環境向外擴大與融合，就成了四季變化，再向外延伸就是生態體系，生態再往外就是地球本身的循環系統，再往外就是太陽系的平衡原理。

宇宙萬物在帶電粒子形成的振動中不斷找尋和維持平衡，而意識就無所不在地存在物質和非物質當中。古埃及的祭司發現人和宇宙的溝通管道存在身體中，透過身體的感知，人類可以連結感知遠方事物的脈動，甚至可以透過這層感知觀察天體運行的軌跡，整個身體看不見的形體可以如此穿越已知和未知的空間。以物質存在的世界來看，樹木的生命和人類是相互依存與互補的，也因此，當古埃及祭司發現生命本身可以穿越未知，與肉體的感知互補時，就將這個看不見的身體路徑稱為生命之樹。

人類和樹木間的交流是在動態與非動態間產生能源的交換，若是地球樹木也可以移動，則人類就會成為那個不動的存在。只有動與靜之間平衡交流，才能產生有效的能源交換，而生命之樹就是在不動的身體中存在的動態感知能力。啓動生命之樹產生動態移動的驅力，就來自身體中的水元素。

意識即顯化物質世界的活水

人類的意識即是那流動的水元素，可以滋養生命之樹，也能幫助地球長成枝繁葉茂的豐盛樣貌。你們的生命之樹不需要施肥，也不用拔草除蟲，它一直與你的身體宇宙緊緊相連，你可以稱它爲乙太身體，或是具有情緒感知能力的身體智能。生命之樹可以幫助人類不可移動的身體擴展意識，從生命之樹的精微體延伸獲取宇宙萬物的愛和智慧，回到身體內宇宙。所以，在古文明時期，生命之樹也代表進入來世之門，是這一世生命結束後進入未知世界的路徑指引。

人類尚未建立文字和語言之前，就是經由意識連結生命之樹，來幫助部落族人觀測天氣、與動物和樹木溝通、找尋食物和滿足基本生活需求。人類還可以經由生命之樹去感知、連結天地萬物，守護族人的安全。人類這些和大自然互利共存的智慧不僅利益自己的族群，還可以幫助大地。

啟動身體的水元素，感受萬物的眞實

人類過去習慣以生物體的大腦往外看物質世界，不斷壓抑內在的情感流動和內在意識。現在，你需要學會將意識向外延伸，以水元素的視角連結，去看見大自然萬有的眞實景象。你會發現內在世界早已儲藏了大自然的豐盛智慧和資源，任你取用。

你們的身體有兩個感知中心，一個屬陽性、智性的腦，由上而下運行；另一個屬陰性、情感的腦，由下而上透過情緒感知。人類過去一直以爲是自己的大腦在儲存與事物相關的記憶，實際上，只有身體可以感受到的才會被眞正地儲存下來。你現在可以回想一下小時候的生長環境、家中擺設的物品，會讓你重現場景的記憶點有哪些？

嗯！我仍然可以記得的好像是氣味，還有當時的心情。

沒有錯，你們大腦的記憶是有限的理解，身體感官和情緒體驗到的對你來說才是眞實的。缺乏感受的過程，就無法呈現出事物之於你內在的眞實。當你啓動身體的水元素去感知萬物，會讓生命進入不同的視野，重現屬於你內在的眞實，而這也是ＡＩ機器人無法取代人類的原因。

人類可以從內在宇宙看見一切萬有的眞實，這是ＡＩ智能系統仍然無法複製的。

你可以練習啓動身體的水元素，重新感知和記錄萬事萬物之於你內在宇宙的眞實樣貌。

晶體定位法

之前雷巴特有教過你如何在晶體中掃描身體各大元素，如左圖。（請參考《創造新我・新地球》第50頁。）

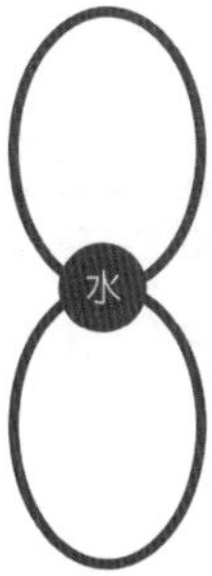

正中央的位置就是水元素的啓動點。現在將你的第三眼打開，進入8的正中央，對自己說「開啓水元素」，就可以啓用身體的水元素來感知和連結萬物。

身體定位法

另一個方式是想像水元素進入身體正後方，透過身體臍輪的感知中心，來體驗水元素的視角。

以上兩種方法結束後，都對自己說：

「感謝水元素的協助，現在將身體回復到此時此刻最適合的元素組成！」

現在不妨用以上兩種方法做個簡單的自我檢測，用意識去感知你的任何一棵植物。

我分別用以上兩種方法，去嘗試感知陽臺上已經種植許多年的一棵金桔樹，得到以下的結果：

感知方法	晶體定位	身體定位
感知位置	第三眼8的中央點	水在身體臍輪後方
回應速度	快（五秒之內）	慢（延遲十五秒之後）
訊息品質	快速感到平靜愉悅 持續時間短 心輪單點感知	內在升起平靜愉悅的感覺 持續時間長 身體全面包覆式感知
收訊來源	由上而下的智性知曉	由下而上的內在情緒感受升起

你現在看出兩者之間的不同了嗎？

嗯！好特別的體驗。用晶體感知是智性的領會，而當我用肚臍去感知時，我體驗到的是出自我內在的情緒感受。我可以從自己的內在辨識金桔的能量品質，金桔從我內在升起，它就在我之內，我們是一體的，它讓我體會到，我能像金桔一般立即回到平靜和愉悅的存在狀態。

嗯！很好，你看見了！這是每個人都具備的能力。人類內在意識的泉源——水元素已經很久沒有被使用了，你們的社會、教育、文化和集體意識不斷地訓練鞭策你們的大腦向外界征戰，你們只相信眼見爲憑的世界，不知道內在意識可以更細微地感知萬物的能量品質。當你啓動水元素的感知力，就能夠連結一切萬有愛的品質，以地球母親蘊藏在大自然萬有中的愛來滋養你的生命之樹，那是你的生命之樹本有的能力。

這讓我很驚訝。我沒有用肚臍去連結過任何東西，但經過這個練習，我才理解，我們想要如何與外界互動，是可以自由選擇的。而開啓水元素的連結品質更不同於智性的連結感知，水元素可以幫助我們從身體內在如實感受到萬物的眞實，和獨特的能量品質。

是的，你終於搞懂了。人類擁有自由的靈魂，你們的意識決定自己的實相，當你覺得要去感知金桔，你就得到金桔的能量品質，回到自己的身體中。你可以經由這個過程，重新定義金桔之於你內在的眞實是什麼樣的感受。

是的，我發現如果可以讓大自然各種植物樹木的能量如實呈現在身體中，就不需要去背誦記憶自然課本中描述的生物學名和植物特性。現在用水元素去感知，將花草樹木的獨特能量帶回我們的內在宇宙如實感受，才是眞的心領神會植物的品質，也明白自己的身體在什麼時候需要與哪種植物互連，讓身體可以隨時透過意識獲得大自然的補給，這是龐大的生物和醫學教育的再造工程啊！

阿乙莎跟你說過，教育是讓孩子去探索和發現的過程，而現在你終於明白，「發現」不是向外，而是向內連結宇宙豐富多元的生命。這是一趟學會從自己的內在宇宙去發現自己的過程。

此外，當陰性的能量和陽性的能量在你內在合一時，你還可以突破長久禁錮著人類的二元對立看法，超越非黑即白的框架，契入更高的神性意識，與萬物共存。

現在，再進入三位一體的合一意識中，結合你的靈性母親（陰性）和靈性父親（陽性）的能量，重新感知這棵金桔。

嗯！進入合一意識中，此時此刻，我與金桔的晶體融合，我們已經是一體的存在。我在此無法辨別來自金桔的情緒感受，而是從自己的晶體振動中，得知我的晶體已經和金桔的晶體融合，融合後的晶體帶給我水晶般澄澈的感受。我覺得通體舒暢，鼻子可以更順暢地呼吸空氣，眼睛濕潤明亮；我現在身心無比愉悅，同時也讓自己的晶體閃閃發光。我可以確定，金桔因爲與我共振也同感愉悅，我們融入彼此愛的能量裡，非常舒服喜悅。

你除了可以立即體驗到宇宙豐盛多元的能量品質外，當你連結自身的陰性和陽性能量，到達合一意識，還能帶給自己和地球萬物更大的回報。你們彼此融合，進入愛的流動中，你們已經是光的存在，如此晶瑩剔透、完美無瑕。你的生命之樹也可以因此獲得更多愛的能量補給。

我現在終於明白，爲何與大自然共振可以讓我們得到如此豐沛的能量感受。現在只需要有意識地和大自然連結就可以了，還不用吃它們，就已經得到這麼棒的能量來淨化自己，補充或平衡身體所需。若是遇到不得不連結的負面存在和事件，就帶著自己進入合一意識，讓愛幫助我們脫離難以承受的情緒困擾。

還原至真、至善、至美的靈性品質

每一個地球生命都攜帶著不同的愛的振動與獨特的生命品質。**地球顯化萬物不是隨機偶然的，每一個生命都有其「被需要」存在這世界上的理由。**這就是地球承載萬物，讓生態系統生生不息地延續的原因：一切演化出來的生命體都恰如其分地扮演最初始設定的角色，善盡自己的本分，以維持整體宇宙的平衡。

你現在透過內在水元素的視角，重新看見生命的眞實、善意和美麗。**你以為的醜陋和罪行的背後，同樣擁有其存在的理由，你只是無法用自己的智性大腦去理解；然而，從你的內在宇宙去感受隱藏在醜陋和罪行下的眞實時，你會找到情緒初始的動能和最終歸屬，那裡只有愛。**人類以物質身體不斷地經歷情緒碰撞，來完整生命藍圖愛的體驗。你會發現，一草一木、動物、昆蟲和礦石等，所有你以爲與你分離、但存在大自然中的存有，也都存在你之內，你可以如實感知到它們獨特的振動品質。現在不妨開始練習，恢復你們包容一切萬有的內在能量吧！這才是生命存在的眞理，它不存在於外，而會是在你之內才能找回的眞實。

練習：連結內在的水元素

從自己的內在宇宙如實感知……

1. 大自然存有正無條件地給出它們愛的品質，任由人類隨時拿取和補充當下所需。
2. 自己的內在宇宙早已蘊藏豐盛的資源。
3. 身體感知到的真實是無法以有限的文字或語言傳達的。
4. 自己和地球萬物是一體的。
5. 生命都攜帶某種良善意圖和存在的意義。

（我對這個練習中的第五點特別好奇，這樣說來，讓我避之唯恐不及的生物會不會也有良善的存在意圖？我試著去連結我最討厭的蟑螂，居然可以感受到蟑螂有股特別的力量，牠們像是自動吸塵機，專門從黑暗髒亂的環境帶出清潔的能量；而當我連結黴菌時，發現它們是會將物質的酸值誘發出來的造酸機。

此外，感知樹木和植物，可以發現每一種植物和樹木都具備不同的能量品質，都可以幫助人類平衡身心和情緒體。而最讓我感到喜悅的是連結海豚，那是一種無法用任何語言描述、純粹無瑕的愛的品質。人類若是可以如此連結萬物，就會知道破壞生態環境、獵殺和虐待動物，造成動植物滅絕，等於在傷害我們自己。當我們失去這些大自然無條件提供的補給，人類自己的內在宇宙只會更加黯淡無光。）

你就是水的源頭，愛的化身

如今，人類意識中充滿仇恨與恐懼，也會讓自己的生命之樹枯萎，造成地球顯化出生態的浩劫和環境的惡化。生命之樹是人類意識創造與顯化物質實相的渠道，人類運用潔淨的身體水元素滋養清理生命之樹的同時，也幫助清理地球環境；**若能以愛的意識灌溉生命之樹，更可以幫助地球恢復健康**。

地球今日生態的樣貌就是人類內在宇宙的一面鏡子，那也是你內在的眞實樣貌。你們口口聲聲喊著救地球，就要願意回到內在宇宙，去滋養和灌溉人類自己的生命之樹，恢復人類和一切萬有連結的能力，如此才能最有效地幫助地球淨化。

還記得你曾經問過阿乙莎，有沒有最快的方法可以改善地球的能量場嗎？

是的，我還記得，當時阿乙莎是這樣說的：

「你們要在地球的每一條河川、每一片海洋，以及任何有水流動的區域放入能量平衡裝置，讓水攜帶著平撫人們情緒波動的能量，流進每個家庭，讓飲用和沐浴用的水都成爲淨化人類的載體……」

現在讓我來告訴你，人類自己就是水源，是宇宙光和愛的化身。

水源在人類自己身上。進入水源區域，就是啓動人類自己內在的水元素，回到你生命之樹的泉源，讓來自你無條件之愛的振動撫平情緒的負面波動，接著就會自然而然流出更高振動頻率的意識，進入每個家庭和環境中，完成淨化自己和整個地球的工作。

啊！原來如此，現在我終於搞懂了。

製作完整元素配置的水，幫助身體調頻、穩定中軸

人類因意識混亂，切斷了與大自然溝通的能力。**要恢復美麗的地球，必須從恢復人類的健康著手。**

你可以經由擷取身體中已經重新改寫的四大元素記憶，儲存其振動頻率，投射進入水中，如此就可以改寫不再被人類世界需要的振動品質，創造出更適合的振動頻率來幫助自己和地球。這也是戰爭或破壞事件發生後，讓集體意識重新校準的做法。

所謂「完整元素配置的水」，就是將水以外的其他元素——地、金、風、火——都補足；補足之後，就可以成爲專屬你當下身體場域的水。完整元素配置的水可以提升人體的免疫力，喝下去後感官可以立即提升，幫助人的意識和大自然重新連結，身體中軸立即得以校準。多喝完整元素配置的水可以逐漸恢復人類的意識，讓水來幫助你們銜接和融合進入地球母親更大的平衡體系裡，讓地球重現生機。

這麼簡單？

是的，有意識地生活，就是和宇宙萬物共同創造，不是嗎？沒有受到電磁干擾或其他負面意識破壞前，這杯水對你和環境都是一個有益的存在。你就是你所在世界的源頭，可以創造出一切的美好。

人處於無意識狀態時，需要藉由外在生命物質的輔助，讓自己重新獲得身心支持與健康快樂。這也是大自然生態最初始設計的樣貌：無條件給予人類需要的一切，幫助人類延續生命，世世代代生存在地球上。而人類的意識本身就可以啓動身體本有的智能系統，幫助人類從大自然取得源源不絕的能量和資源。

當人類意識漸漸覺醒，回歸有意識的生活，這時，大自然的一切將成爲你們創造輝煌生命和新世界奇蹟的資源。你們透過每一種植物和樹木的特殊振動頻率製造出來的花精，就是幫助你們撫平內在情緒創傷，讓你們恢復內在平衡的一種做法。

取用地球資源時，你已經同時給了大自然一份來自你生命成長的祝福；有意識地取用花草樹木的能量時，你讓這些生命看見自身存在的價值與偉大。此外，因你願意讓出自己的神性意識空間，接納其他有情衆生與你交流，這些生命因爲和人類生命的交流，得以更加擴展，也獲得前進至更高意識生命延續的機會。

這眞是美麗的生命交流。人類的內在意識就如一座偉大的生態林，充滿豐富的珍貴資源和獨特的能量品質，人類只要願意打開內在意識，就可以幫助自己獲得身體宇宙需要的能量自動平衡和補給。同時，若我們有意識地讓其他生命也可以走入人類的世界，給予大自然展現其生命價值的機會，就能將祝福送達對方！

嗯！這樣我懂了，使用自然界的能量和花精已經不是在彌補我們身體的失衡和匱乏，而是人類展開雙臂，與大自然萬物在更高意識層交流。這麼做的同時，花草樹木的意識層次也被人類提升了。人類不再因匱乏而無止境地取用大自然資源，我們經由這樣的連結，讓出一部分生命空間，提供大自然萬物延續和展現生命價值的舞臺！

感謝蓋婭母親的解釋，讓我看見萬物互動和相互支持的美麗新世界！

第七章　定義你的愛

沒有人的愛的振動和別人的一模一樣

我：阿乙莎，我想請問祢，向蓋婭母親學習以水元素去感知萬物愛的振動品質的用意爲何？揚升不就是直接連結進入基督意識場就可以了？

阿乙莎：你們此生來到地球，最主要的目的就是來體驗愛。透過身體的情緒感知，你才能感受到愛擁有這麼多元的面向。你不一定要去連結地球上的每一種生物和樹木，那不是每一個人的工作；然而，你們每個人都需要學習和辨識「你想要成爲」的愛的振動品質，並帶著你創造和精煉出來的愛的振動，回到銀河宇宙。

這也是地球孕育多樣化生態的緣由。你們透過大自然的教導，學習用自己的意識連結你的情緒體，創造你個人對於愛的詮釋和定義。沒有一個人的愛的振動和別人的一模一樣，你們天生就擁有不同的DNA組成；同樣地，大自然的花草樹木都擁有其獨特的愛的能量，你們只需要學會辨別，並能夠從大自然取材，進而創造出你想要成爲的版本。若是天下所有愛的振動都一模一樣，不就回到源頭定靜無波的意識大洋了嗎？那樣就失去你前來地球的意義了，不是嗎？

我：好奇特的感覺，搞了半天，原來地球上的每一個人都還有一項畢業作品要繳回源頭。那麼，我的生命之花結晶出來的愛的作品，一旦回到源頭，不就全數繳回、融為一體了？結果只是繞一大圈，到此一遊嗎？

阿乙莎：當然不只如此。你曾經締造的、屬於你的版本的愛的品質，可以引領此生的你繼續前進。你沒有白繳作業，你曾經在蓋婭母親身上留下的愛的結晶，就存在地球之心——蓋婭母親的晶體中。你可以去找出自己曾在地球上創造的愛的品質。現在進入自己的晶體，請求你的靈性大師和導師帶領你走入蓋婭之心，去看見你曾為蓋婭留下的愛的足跡。

（我進入自己的晶體，看見時間回到亞特蘭提斯時期，我正在某個部落高聳的水晶建築的陽臺上，遠處傳來陣陣的轟隆聲響，戰士正在前線努力奮戰。空中充滿火光和硝煙味，我站在搖搖欲墜的城牆邊，望向自己的子民，內心出現一個聲音：「我愛你們勝過愛我自己！」就在此時，時空再交錯，我身旁出現另一個聲音：「回去告訴大家，戰爭早已結束，該回家了！」）

我：阿乙莎，這場景，是真的嗎？那份堅韌慈悲的愛仍在我身體裡迴盪，我已感動得無法言語……

阿乙莎：是的，那是無條件的愛的品質。你們每一個人留在蓋婭之心的愛一直都在，不會因爲你回到源頭，而失去你一磚一瓦建造出來的愛的晶體。你曾經在地球貢獻出的無條件的愛，已經被蓋婭母親珍藏下來，你可以隨時進入自己的晶體，帶回你曾經締造的愛的品質，來幫助你繼續完成此生的任務。

第八章　新地球已經誕生

地球演進的過程

要開始學習新地球的互動規則前，我們先來回顧一下地球生存法則的演進過程。

第一階段：弱肉強食，適者生存

沒有錯！這是當時最早被設定的地球法則，來自人類靈魂計畫的初期，是讓人類得以生活在地球上的初始生存法則。

在此階段，靈魂最高的目的是要優化靈魂載具，而只有在弱肉強食、持續不斷的肢體衝突中，才能夠演化出最能適應地球環境的靈魂載具——人類如此，動物、植物、昆蟲與海洋中的世界亦如此。人類肉體的生命力，也因此可以從短暫的四、五十年壽命，延展至今日的一百歲。當人類的生物細胞智能經過不斷的淘汰，晉級到足以適應地球惡劣環境的門檻時，就能讓存在你們細胞中的振動頻率自動提升到連結集體意識。這是靈魂透過生物體去體驗和成長的必要之惡，人類雖然經歷了痛苦掙扎的求生歷程，卻也在此階段不斷經由更高次元的靈魂投入地球，讓所有人看見人的內在擁有至高的良善、愛與寬容。

第二階段：和平共存，精益求精

人類逐漸擺脫弱肉強食的循環，進入和平共存的文明生活。你們透過連結群體的力量，經由族群協議和國家之間的談判，達成多種族、多元文化共存的生活，爲自己的生活創造更適合的居住環境、交通、能源、通訊、科技、教育和醫療。這個階段，背後最大的成全者是地球母親、生態系及所有居住在地球上的物種，全面無條件地供養人類創造文明所需的一切資源。這樣的發展原本是值得喝采的，然而，只經過短短的數百年，地球生態體系卻已經逐漸變色了。

人類聰明地利用地球上得天獨厚的自然生態資源，創造了許多不再需要由大自然供應的替代品。人類過去居住的岩洞和木造房子被鋼筋混凝土的房子取代，屏蔽了大自然風元素的流動，以空調系統代替。人類還使用基因繁殖技術和化學藥劑破壞自然環境，連帶讓一些幫助花朵授粉的蜜蜂、蝴蝶、昆蟲大量中毒死亡。整個生態系爲了接納地球人類在此共存，犧牲了自己的智能系統。地球上的物種生命正在消失，只有人類以爲自己可以用更高的科技與技術來對抗地球生態智能系統的崩解。

在精益求精的文明生活中，金錢制度成功地快速推動地球文明，而文明背後的眞實景象是：

少數掌控者正以金錢繼續行使奴役人類之實。人類以爲自己已經脫離被掌控者奴役的生活，其實在享樂的同時，人類正不知不覺地進入掌控者創造的金錢遊戲，而不斷放出貪婪、恐懼、不安全感、匱乏等低頻能量。

第三階段：意識分離前的混亂和崩解

地球崩壞最主要的原因，是人類低頻振動能量的牽引，這是來自人類第一階段弱肉強食的掌控者以金錢奴役人民的遊戲規則。他們發現，只要透過金錢，就能輕鬆掌控人類，而人類在追逐金錢、獲取更好的生活條件的過程中，逐漸忘卻自己原本就是被地球無條件地支持，以爲只有金錢才能讓自己在地球上安身立命。

地球的生態系統是地球整個生命共同體的健康指標，人類輕忽生態與自身健康的關係與連動性，將造成人類種族在地球上的危機。你們的新聞媒體不斷提到地球暖化和北極融冰的消息，還有一些國家土壤液化或地層下陷、海水升溫等等，這些都不是危言聳聽，而是目前整體磁引力場偏離中軸造成的現象。

地球的中軸偏移，最主要是由地球表面的磁場干擾與混亂造成的。人類大規模地破壞環境，除了環境的磁引力變化，人類身體中與宇宙和地球連結的脈輪通道阻塞，也會成爲地球能量流動的障礙。人類自身中軸偏移會造成地球偏離太陽系的運行軌道，導致周邊行星群撞擊、甚至更嚴重的後果。過去的亞特蘭提斯文明是遭受惡意星球攻擊，但目前地球的危機則是人類自體失衡造成的，不可以輕忽可能帶來的後果。

第四階段：重生，再造新地球

地球是整個銀河系共同護佑的靈魂孵化場，失去地球，銀河系就失去靈魂循環系統。這也是爲什麼必須在地球被破壞、失控前，創造出一個新地球，來迎接揚升的靈魂回到銀河宇宙的懷抱。我描繪的這個場景不在你們的教科書或任何專家的認知系統裡，你們還沒有建立下一個地球共識，但時間已經迫近，我們要加速人類靈魂的揚升。

從二〇一二年起到二〇一八年，新地球的接軌已經完成，這是我蓋婭進行自體分離、進入揚升的軌道中，爲了延續生命而誕生新地球。與此同時，你在目前所處的地球上看見一些社會現象正呈現兩極化的發展：有極致的黑暗和低頻振動的世界，也有更多人向光明和良善的集體意識靠攏。這個兩極的鏡像在過去十年裡，從模糊漸趨明顯，劃分開來。一些原本繁華的城市一夕之間變成戰亂的廢墟，而從未被重視的地區突然成爲移居的新天堂樂園。舊地球的人類正朝向兩個全然不同的生活型態分離開來，一些人選擇進入文明科技的尖端，過著被ＡＩ機器人、無人商場、無人駕駛車輛及外太空飛行體驗圍繞的生活；還有一群人則會走向大地，找回生命最初始的能量，回到更接近大自然的生活，重建自己的家園。這些分離的意識、分離的實相不但展現在目前的地球上，在宇宙另一端的新地球上，也同樣正在成形。

新地球自蓋婭意識分離出來

之前有跟你提過平行時空的宇宙觀，你在三次元的空間無法理解，但是當你進入自己的靈魂晶體時，你早已明白，每一個鏡面都是你另一個平行宇宙的實相。你的靈性源頭在不同的宇宙時空展開體驗，你們互爲源頭，也在源頭合而爲一。看似在虛擬世界中的你，那個你與目前的你共享同樣的靈魂振動品質，只是當你進入地球，你的一部分靈魂意識需要透過身體與情緒的感知來獲得體驗，並經由內在意識和大自然交流，學習尊重生命，學習辨認出每一個生命都具有獨特的愛的理由和存在的能量品質；而在另外的世界中的你，正以更高的意識，在不同的宇宙次元體驗著屬於那個次元的生命實相。當你回到自己的內在宇宙，就可以連結所有時空的你，完整屬於你的一切體驗。

你的更高智慧源自於自己，而你的靈性片段和所有生活在地球上的人卻可以擁有共同的地球記憶。那份記憶就是來自於我，你們的地球母親，我儲存了人類自開天闢地以來生活經歷的資料備份，也是生活在此所有靈性生命的守護者。你們內在的靈性母親是由我分離出來的，我和我所有的靈性分離意識彼此相連。我在地球，也在你之內，**自你誕生於地球的那一刻起，你已經是完整而具足的靈魂**。

你擁有本自具足、齊全的資源和裝備，來到地球體驗，地球上的一切都可以讓你隨心所欲地創造。你終於明白，當金錢變成掌控人類和地球資源的媒介、變成人類追尋生命意義的目標，控制者還不費吹灰之力，就讓每個人將自己生命的主宰權交付出來時，我有多麼傷心和著急。

眼見美麗的藍色星球被無意識的孩子們任意踐踏，不但如此，你們還自以為聰明地傷害了自己的身體，讓自己和大自然的懷抱隔絕開來，你們與我的連結愈來愈弱。孩子們，當你們在地球上自掘墳墓，讓許多靈魂找不到回家的路，我將無法再任由地球環境無止境地崩壞。我的身體和循環系統都出了問題，我必須分離出一個新的地球，帶領一些覺醒的孩子離開，讓生命得以延續。尚未覺醒的孩子們，你們仍有無法放下、無法原諒、無法理解，需要更多時間去轉化的事，我仍會陪伴著你們，直到我所有的孩子回家。

蓋婭母親，謝謝你一直守候著所有地球生命。我想知道，若沒有再造新地球，在舊地球偏離或與另一個星球撞擊之後，所有靈魂意識就會回不了家嗎？

你們仍可以回到源頭，但屆時若沒有創造一個新的地球，我們共同的新靈魂孵化場就不見了，你懂嗎？當你和我只能待在一艘永恆的船上時，你還能存在於非永恆嗎？

我們若失去接住游離意識的孵化器，永恆的宇宙會出現一個大洞，這個洞一旦掉下去，就會永遠消失，不再返回。這時，永恆的另一面出現了，會侵蝕掉永恆的宇宙。

你是指，即使存在宇宙源頭的永恆也不是眞的永恆，需要一個類似回收的機制，將那群體驗分離的意識再補回來；若沒有補回來，就會形成劣幣驅逐良幣，愈來愈多的分離造成愈來愈大的洞，銀河系最後就被這個大坑洞吃掉了，完全消失，是這樣嗎？

沒有錯，地球是排水系統裡的回收站，所以，現在有許多來自銀河聯盟的高靈和導師也來協助我進入重生的軌道。目前新地球的軌道已經建立，新移民陸續進駐新地球，你目前和我的傳訊就是連結了新地球上的我；而這本書一開始的連結，你感受到沉重與稠密的磁場，那是處於舊地球的我。我目前分處兩邊，只要你需要知曉新地球的訊息，就來這裡和我連結。

嗯！我明白了，難怪這幾天我漸漸感到輕盈，和最早的氛圍不同。

我想了解，新地球是如何形成的？你和雷巴特製作的宇宙光之橋要如何帶我們移入新地球？

新地球就在銀河集體存有共同打造的地球星門裡，你們從目前存在的三維空間要進入更高的維度空間，就是經由光的通道。這些光的通道都是銀河宇宙星際聯盟經過共同協議，爲了讓地球人類揚升進入銀河軌道所打造的。若從你現在位置的角度來看，就是你的振動頻率調節至十八赫茲，你無法用肉眼看見，但可以透過**意識的轉換**到達。

當你成爲自由的靈魂意識，就能進入平行宇宙，穿梭於不同的宇宙實相中。每一個次元都有對應該次元的集合意識場，你只要透過自己的內在意識，就可以前往不同的宇宙次元。這些頻段就在你的靈魂ＤＮＡ中，只是你無法以人身載具快速在平行宇宙中移動，只能透過意識穿越身體的屏障進入。

你的靈性源頭可以給予你專屬於你的導航地圖，我們暫且稱之爲心智圖。心智圖存在你與自己靈性源頭的共同意識場，當你能夠與靈性源頭合一，打開自己的心智圖，就可以進入跨次元的宇宙星際旅程。

所以新地球是外星人打造的？

你說的外星人也是地球人，你們將意識擴展到星光體的存在意識，就能和外星意識接軌，所以新地球也是地球人和外星意識共同打造出來的。新地球已經誕生，這裡擁有超越之前地球的文明，這些文明有來自星際聯盟共同的創造與無條件的愛的祝福，新地球的意識更高於目前的地球意識。我們正式邀請已經具備覺醒意識的人類移居到新地球，共同創造新地球的未來。這裡有多元種族，包括大角星、獵戶星、天琴星、織女星、克里昂、昴宿星、列木里亞星球的意識種子都在此。這裡是銀河聯盟共同創造的新地球、新世界。

地球已進入新舊分離和下次揚升的交會點

在地球即將邁向第五次元的銀河軌道之際，尚未甦醒的人會與地球集體意識再次分離，成為游離的意識粒子，而甦醒的人將跟隨地球一起邁入銀河宇宙的行列。在這個分離的交會點，我們必須合作，讓更多的意識覺醒，回到銀河家園。

分離的靈魂意識仍會墜入宇宙黑洞，但也會再度自黑洞中重生。只是，重生的新地球需要回到最初始的狀態，回到你們尚未擁有文明生活的地球時代。

啊？那是充滿戰爭和殺戮的野蠻生活。

若這是游離意識嚮往和選擇的，宇宙仍然會有空間來滿足這些存在意識。

有沒有可能這一次的生命尚未覺醒，但去報到時一覺醒來，就已經處在揚升後的地球？

機率不大。

爲什麼？

因爲揚升後的新地球的意識振動頻率高於原有的靈魂意識，這些處於較低振動頻率的意識會相斥，而不是被吸引進去。只有達到相同的意識高度，在共振下才能融合進入更高的集體意識。

那麼，我們目前尚未覺醒的家人和朋友怎麼辦？

他們仍會在生物體死亡後回到源頭，但是當他們做出再次體驗的選擇時，會因爲仍處於較低意識的牽引，而選擇再次體驗分離。

是這樣啊！那麼，你是否可以教我們如何讓這些即將重生的靈魂選擇正確的揚升道路？

我們無法干預，那是個體的自由意志。你們即使處於源頭的集體意識裡，仍然保有個體的自由意志。你還記得你進入地球之前的狀態嗎？

你是指在靈魂重生前的選擇區嗎？

是的。進去那個地方再次感受一下，你就會理解我爲何這麼說。

好的，我再次進去感受一下。

練習：進入靈魂選擇區的流程

1. 進入自己的晶體。
2. 請你的大師、導師和摯愛的家人帶領你來到靈魂的選擇區。
3. 明顯感覺到從更高的意識狀態像是搭乘往下的手扶梯，一直向下。
4. 最後，停在一個很厚重稠密的空間，這裡就是集體意識場域的邊陲區。

（此刻，我內心清楚知曉，原來我們當初在成為宇宙的游離粒子、墜入黑洞的旅程開始前就已經做出選擇。我們站在集體意識場域的邊緣，試圖去體驗分離後的所有可能性。這是我們靈魂的渴望，而當靈魂意識尚未完成自己的旅程時，在選擇區就會帶著不穩定的意識能量。那股不穩定的能量就像少了某個電位的單一正電或負電一般，急著尋找另一個能夠與之配對的正負電子，而在這個狀態下，就會將自身拋離共同意識的恆定能量狀態，往外尋找另一個平衡。

也因此，當進入靈魂的選擇區時，我們是處於個體分離意識最強烈的擺盪狀態，除非已經完整了靈魂想要體驗的旅程，我們才有可能堅定地走向空無的源頭集體意識。在選擇區，個體意識更加強烈地想要再度去體驗和滿足尚待圓滿的關係，或者說是去滿足已經處於游離單一電子狀態的渴望；也因此，這些強烈的分離意識會瞬間阻擋靈魂選擇回到源頭共同意識。新生命就是如此誕生的。

然而，剛才莎雅說地球整體也是個靈魂意識，它也有自身的揚升計畫。若處於游離電子狀態的意識重新回到地球時，原來的地球已經進入揚升後的平衡軌道，目前處於分離意識的它們將無從理解，會因此墜入另一個未知的黑洞中再次融合，然後回到下一個重生的旅程。）

意識回歸源頭的還原工程

人類的意識覺醒工程並不是在你身體之外的宇宙設立訊息基地臺，由你的感知體去感測或追尋特別的高維訊息場經驗。不同的宇宙次元早已存在你最初的靈性種子裡，你的靈性父親與母親結合出一個新的靈性種子時，就已經將契入靈性源頭的路徑給了你，只是你目前的體驗仍位於第三次元的地球，以物質身體的樣貌存在著。你靈性源頭的意識早已在你生身父母的受精卵裡，你是這完整的靈魂意識存在第三次元的物質顯化版。你的生身父母使用自己身體內的精子與卵子創造出你的靈魂載具，同時也在你的成長過程中，將他們此生創造的體驗與感知傳承給你。

當你的父母或摯愛的親人離開此世時，若其自身的靈魂意識仍未完成此生的意圖，或者他們仍有強烈的願望尚未達成，這些未實現的意圖會自他們的靈魂晶體中分離，散落在世間，讓仍待完成的意圖的靈性片段可以留在自己的子子孫孫和家人身上。這些留在家人身上的靈性意圖，就是你們知道的祖先業力；若是留在廣大的族群後代中，就是種族或國家的集體業力。這也是為何當你要擴展自己的靈魂意識時，最需要先突破的是針對最親近的家人（第一層關係）的全面觀照與理解，進而擴展至工作、種族、社會、國家等，讓你的靈魂經由三百六十度關係的全面理解，得以還原回復你靈魂最初的源頭意識，找回你自己的回歸路徑，回到與源頭合一的意識。這是靈性源頭的意識還原工程，必須透過你自己的內在探索才得以完成，沒有任何人或高靈可以代替你完成這趟靈魂的旅程。

當你終於回到與自己靈性父母的連結，進入合一的基督意識場，在這裡，你就能以現有的肉身重新誕生於一個屬於更高次元的新地球。你的靈魂在此重生，你成爲新地球的意識存在。

雖然身體仍位於第三次元的地球，你已漸漸脫離舊地球的紛亂與稠密，你的意識會帶領你活出新地球的意識狀態，並呈現出全新的生活樣貌。你也可以在肉身仍然健康無病的狀態下，決定是否要離開，以另一個生命載具進入不同的宇宙次元或新地球，繼續你靈魂的旅程。你是自由的意識存在，你就是造物者。

生命永續計畫

生命的永續發展是來自宇宙源頭建立起來的共同意識流。無論你喜不喜歡、同不同意，也不論是非對錯，所有宇宙生命共同體必須一致遵循這個法則，才能創造生生不息的永恆生命。人類是生命進入分離意識場域的一個體驗站，在宇宙中，類似地球這樣單獨的行星、這樣遺世獨立的存在體驗站，多達五億六千萬顆。你今天的一部分意識以人類身體的形態在地球上體驗，這個體驗過程與你在此獲得的經驗都會對整體宇宙帶來貢獻，你們不要小看自己的力量。

靈魂有沒有可能消失？

針對這個題目，你在三次元世界的理解和進入更高次元的理解會全然不同。在三次元世界，一切都是線性展開，有始有終，有生有死；然而，進入更高的次元，是從一條線延伸成一個面，再由一個面擴展成一個空間，然後一個空間與另一個空間連結成一個球狀，再經由球狀體擴展成無形的場，這個場就是所有生命的訊息場，而這個生命訊息場有場域互連機制。

所以，當你認知自己的生命體已走入盡頭時，你是消失在自己的線性終點，進入另一個空間；而這個生命最終會流向哪裡，端視它與哪一個訊息場相連結，這會決定其去向。所以，生命不會消失在宇宙中，它在你的空間裡消失，最終會在訊息場中相會。

誰在幫我決定生命永續計畫？

只有你自己的意識流向可以帶領你去經歷生命的永恆，你沒有被控制，你是自由的意識。現在你們才剛開始學習進入生命永恆的意識場，進入宇宙浩瀚永恆生命的計畫中。

第九章　新地球的互動規則

（編按：本章皆為阿乙莎傳達的訊息。）

你是一切的開始，創造的本源

地球生命和其他高次元星球生命最大的不同點，就是你們每一個生命都具有自由的意志。你可以創造你需要的一切體驗，你是生活在太陽系裡的自由靈魂，不受銀河系的集體意識所控。你在獵戶座的臂彎裡，可以像個任性的孩子，用你個人的意志恣意體驗和創造在地球上的一切，而地球母親足以吸收和平衡你們創造的任何偏差，進行自體修復。你是地球領地中一切的開始，人類被賦予如同神的雙手，在此創造。

地球此時要重新回到創世紀的狀態，黑與白的兩極能量會短暫分離，然後再次重整融合。你現在回顧人類的歷史，除了神話故事裡的創世傳說，可能還沒有遇到太多的歷史經驗。沒有錯！現在是地球回到創世的偉大時刻，那一分爲二的黑夜與白晝讓整個世界進入兩個極端，自此之後，你們才會再次進入相互融合，陰中有陽、陽中有陰的世界，這是宇宙運行之道。我們感受到地球的創世時刻已然來臨，因此來提醒並帶領你們進入更高生命意識之流，幫助地球和願意提升意識的人安然度過這個時刻。

銀河宇宙大門已經為新地球開啟

人類的靈魂意識渴望的所有體驗被滿足後，就會來到銀河系的大門，與更高的意識群接軌。一旦進入銀河系，就會與更多的集體意識群匯流，你將失去使用個人意志創造的權利，進入一股創造和諧的生命之流，而這股能量的流動才能被所有更高集體意識群接納。如此一來，你就能眞正成爲宇宙共同意識群的一員。

地球目前正受到銀河系整體意識的磁柵牽引，進入新的運行軌道。宇宙更高集體意識正在傳送邀請，希望地球進入銀河系，因爲在銀河系的量子訊息場中，已經可以明確感受到地球母親已不勝負荷。若地球的磁柵持續偏移、磁軸傾斜，會導致地球母親無法進行自體修復，那股一推一拉的能量產生了不平衡的狀態。

地球原來與太陽及月亮的平衡，會被新的行星群帶領的新地球磁柵取代。你們處於三次元的地球，無法看見位在量子世界的新磁柵的圖像已經展開。地球內部的晶柵正在呼應新的磁柵，進入自體調整，在這個調整的過程中，所有居住在地球上、具有完整晶體意識的生命，包含人類、大自然、礦石、森林、動物等都會連結進入新的地球磁柵系統。分離的意識將在地球一分為二，一邊是舊地球的意識仍主宰著生命的流動，另一邊則是由內而外，漸漸活出新地球的實相。

你們的科學家也將出現兩派學說，一派是傳統的高倍望遠鏡研究學者，另一派則進入了量子觀測的新時代。這些兩極分化的現象會在一批進入新地球實相的人發展出以肉身離開舊地球的生存模式後，正式分離。

自此之後，舊地球仍然回到原有的生命循環系統，進入新地球的人類則邁入第五次元的新世界，繼續體驗生活。這樣的移轉會從二○三○年陸續展開，第一批移入的人類會以意識種子的形態進入新地球軌道。這個移向新地球的分裂過程，會讓還沒有準備好的人產生很大的恐懼及痛苦，但對已經能夠進入內在宇宙、明瞭自己與更高意識的宇宙是一體的人來說，是會受到保護並感到內心平靜安適的。

你所看見的第三次元的經濟、政治和社會現象，端視你們的集體意識是選擇維持舊地球秩序或擁抱新地球意識，而會展現不同的樣貌。對銀河宇宙來說，這是迎接人類星際種子進入銀河系的歡慶時刻。

地球生命大躍進

你們的生命藍圖是在被播種的當下，就決定了生命躍升的時間點。地球人類和各行星生命的播種都一致，只是生命的躍升時間表在三次元的地球是緩慢移動的過程，不像其他高次元的生命可能在短短一、兩世的輪迴體驗，就達到脫離物質生物體的狀態，以純意識的振動存在宇宙之間。

地球具備人類生命形態已經有兩百萬年了，但相對於地球四十六億年的生命演進來說，人類在短短的兩百萬年間已經歷了三次的大躍進，最近一次就是你們目前歷史有記載的古埃及文明時期。而現在，你們將再次來到生命躍進的時刻。你有沒有似曾相識的感覺？目前地球上的某些生命可能正是當時選擇進入新地球的人回到這裡，來提醒更多的人躍升，而另一些在上次的轉換時期沒有選擇進入新地球的人，這一次也會感到著急：「難道又要我再選擇一次？」沒錯！不論你是否已經覺醒，這是你內在靈魂提出的邀請。你將迎接什麼樣的生命未來，由你自己決定。

打開以意識交流的量子世界

宇宙的意識交流是以你肉眼看不見的粒子偕同波動產生量子訊息場，這是比原子還微小的粒子，你們的科學家無法以任何高倍顯微儀器偵測到的微粒子態所創造的波動磁引力效能，就是量子世界的語言。至於你們眼睛可以看見的光，則是量子訊息的反射呈現出來的。因為你們處於太陽和月亮一推一拉的動態平衡中，粒子流動反射出來的光是量子訊息的結果。眞正影響光的，是這群微粒子運行後創造的訊息。微粒子無所不在，宇宙在更高的次元就是一大群微粒子交互運行的光的世界。當你用脈輪手指操成功展開自己的意識，契入最遙遠的宇宙那一端時，你只能感受到各種光的存在，仍然看不見這些光背後的意識場，而那就是人類即將進入的量子訊息新世界。

你的生命本身就是個訊息場，這個訊息場存在人的身體細胞內，也存在你的個人量子宇宙訊息場中。人就是宇宙，宇宙也是人，但若你往自己的心輪進入內在宇宙，你會感受到整個宇宙就存在你的內在世界。你和宇宙是一體的，只是你以人的生物體形態存在這個宇宙中，宇宙也因你的存在而不斷進行一推一拉的自體平衡。你的意識就是進入這個量子宇宙訊息場的橋梁，你也決定了自己的宇宙是往推還是拉的方向前進。這一推一拉的振動結果，就是你生命之光的顏色，也決定了你所處的環境和你的量子世界的平衡結果。

你的意識決定環境如何與你合作，又如何與你協調出新的平衡世界。一群居住在相同區域的人生活在一起，就決定了自己的環境、社會、國家，乃至地球的整體生命走向。生命的訊息在所有人的意識中不斷顯化和流動，你眼中所見的一切都是生命意識流動平衡後的結果。當你發覺自己身處的環境充滿疾病、戰亂、天災、破壞與黑暗，那也是你們內在意識創造出來的結果，要來幫助你們的環境平衡集體意識。同樣地，當你們的集體意識向上提升、與更高的意識場連結時，你將進入更高的宇宙生命之流，在這裡融入更和諧的廣大共同意識，更穩定地趨向宇宙中心的流動狀態。你會在此感受到生命的寧靜、祥和與美好。這裡是你們所處的環境振動不平衡而混亂時的逃生艙，唯有帶著自己的意識，向上連結廣大宇宙共同意識源頭，才能帶領生命找到新的出口。而宇宙的入口，就出現在你發現自己的內在意識具有和宇宙眾神連結的能力之時，你將打開這扇進入宇宙的大門。

進入內在宇宙觀察顯化的過程

即使你目前用肉眼無法看見量子維度的世界如何展現，你可以進入自己的內在宇宙，感測你目前身處的量子世界呈現的樣貌。這只有透過有意識地進入你的內在宇宙才能知曉，仍處於無意識狀態的人無法感知量子世界的訊息。

建議你從看見每個人身上的光開始。用內在之眼，你可以看見對方在量子世界的能量流動，甚至可以從他身上能量穿梭的脈輪位置，看見其身體器官和細胞折射出不同的光。另外，去看看這個世界，量子世界裡的地、水、風、火、花草樹木、動物的眼睛，你會看見周邊所有生命的訊息是如何在你身體之內的環境裡流轉。

當你看見他們時，他們的能量就會展開量子糾纏的融合現象；同樣地，進入某個城市、某個區域時，你會從該環境中吹來的風、空中的雲朵觀察出這個城市或區域的集體意識流動狀態，空氣、水、大地、陽光都帶著量子訊息，與你所處環境中的每一個生命互動。

當你們的靈性意識覺醒時，你就可以活在跨次元、跨維度的世界；雖然你的身體目前處於三次元的地球時空，但你的振動頻率可以出入新舊地球次元之間。你們所處的地球的某些區域，已經逐漸展現五次元的實相。

喔？這就超乎我的理解了，怎麼可能做到呢？

你可以想像自己在玩電動遊戲，在虛擬世界裡的角色扮演是眞實的存在，你們太倚賴眼見爲憑的物質體，而實際上，你的意識存在的時空是超越物質的存在，以光的粒子呈現出虛擬世界的實相。玩電動遊戲、看電影時，你的身體處在某一個空間，但你的意識跟隨著遊戲和電影，進入不同的光與影像的世界，那個世界也同樣存在。就如同你現在可以輕易連結到阿卡西紀錄，紀錄裡存在著人類數萬年來在地球創造的所有歷史片段，你可以隨時擷取已經存在的畫面景象和任何已封存於歷史中的訊息──你可以處在五百年前的地球場景，也可以飛越太平洋，進入你曾經存在的古埃及帝國。你的意識就是如此自由地存在此平行宇宙中。

我仍然無法想像祢描繪的這個狀況。爲何我們在地球上活出新的意識時，可以同時創造新地球的實相？

你在地球上以高於目前集體意識層的振動頻率生活的同時，在表面的顯化上看不到未來世界的高樓大廈，看不到飛船、汽車，但你的意識已經活在另一個時空，這裡和目前已經存在五次元新地球的集體意識場域同頻。你會穿梭進出於五次元地球，獲得靈感與直覺；而與此同時，目前地球上被你的意識連結的區域也會如此展現，兩邊同頻的振動產生量子糾纏，最後同步顯化成實相。

另外還有一個地方也幫助串起新舊世界兩端，就是你們的合一意識場。當量子糾纏的兩端意識同處於合一的基督意識場時，所展現出來的能量狀態，可以改變物質實相。

基督意識是進入新地球的通道

想要連結新地球，我們的意識要到達哪裡？

當你的靈魂意識進入合一的基督意識場域，你就找到了進入新地球的連結通道，你已經同時存在新舊地球之間。揚升的靈魂正為新地球的實相積極地創造，而尚未揚升的靈魂仍然在舊地球的時空繼續學習。

我終於知道，原來我們身上已經有進入新地球的路徑。只要進入基督意識狀態，我們的振動頻率就會開展出兩個世界同頻的實相。

是的。只不過現在的你只是可以連結，尚未「活出」五次元世界的實相。

當你進入三位一體的合一基督意識時，你已來到完整的靈魂意識狀態，這時，你的指導師會與你完整的合一意識討論是否要回到光的世界，或者再依你的合一意識，進入不同的宇宙次元體驗。此時，靈魂的選擇就是以更高的靈性意識為目的，而不再是你在三次元時的小我意識的選擇。這是以宇宙的和諧共存為目的的生命選擇區。

嗯！我還記得，阿乙莎祢給我兩次靈魂選擇區的體驗，一次是進入阿卡西紀錄的氛圍，一次在基督意識場中。但是，我目前的小我意識想回到光的源頭，不再體驗分離，行嗎？

當然可以，這也是你進入地球的原因啊！進入地球是讓你回到光的源頭必要的學習和體驗過程，然而，當你再次與自己的靈性父母合一時，你會擁有不同靈性高度的理解。即使你在地球的任務完成、做到滿分，當你回到合一的意識時，你將會認同自己靈性父母和更廣大宇宙群體的使命，會臣服地踏上下一次的生命旅程，繼續完成自己在更高意識層被賦予的任務。

這麼說來，進入合一的基督意識時，我就會放下小我的欲望，或者說放下完善小我的意圖，踏上更高靈性使命的旅程。

是的，可以這麼說。

第十章　成為光的管道，活出新地球實相

接下來，我要將有關新地球的生活之道和運行法則的訊息傳遞給你。你開始行動，也讓所有已經覺醒的人可以隨著你的經驗，進入新地球實相的創造之路。

我們先從意識的演練開始，讓人類可以轉變現在的地球，並和大自然建立新的共存關係。

意識可以轉變地球

在量子世界裡，意識可以透過人的意念、符號和聲音傳遞，並展開連結。

當你用意識投射，會在量子世界產生一個新的能量場域。例如我們現在要打開一個五次元的地球新場域，我就在舊地球這裡，向宇宙投射出一個位於五次元、適合新地球存在的空間。我將自身的舊地球能量母體細胞植入這個意圖，就從自己的母體中擴展出新的空間來。所以這個意圖對我——整體地球意識層——來說，是創造新地球的開端；若以人類集體意識層來運作，就是創造人類新的共同意識場域。作用在你自己身體小宇宙的層級，就是擴展新細胞生長的環境；若是作用在社會事件，就是創造事件新的發展可能性。

進入量子世界的流動方向與連結，需要由意念來帶領。沒有給予明確的指示，就如同在空中吹泡泡，當泡泡失去連結的支撐或前進的動能，就會破滅。

要如何給予明確的方向和連結指引？

這需要你更進一步地設定意圖。比如說，我需要爲地球創造一個新的場域，這個場域距離目前的環境多遠？在哪一個方向？那個新的場域需要什麼樣的條件才能維持環境？也就是說，進行意識投射的同時，要向宇宙下達明確的訊息引導及節點設定，這些訊息和節點就會在意圖投射之後，自動展開連結。

在量子世界，訊息連結的速度很快，若以靈視之眼去看，就可以看見晶狀的生命之花展現。量子世界有許許多多生命之花，若你要在目前的三次元地球顯化出地球新實相，會遭受莫大的干擾，因爲目前地球分散的意識過於稠密，這些橫向衝撞的能量會破壞意識投射出的生命之花的流動。不過，眞正的原因是人類過度依賴物質，而失去用意識向量子宇宙投射的能力。

但是，若你的意識進入五次元，要展開生命之花晶體的連結就會不費吹灰之力。這裡是我已經爲地球打開的一個新場域，干擾會減低，此外，這裡集體意識的凝聚力也很好——當一個新的生命之花誕生時，若和集體意識的振動一致，會立即受到大家的支持，前來一起連動。

我還是不太懂，有點虛幻。

孩子，宇宙就是如此展現出今日的樣貌。你目前所在的地球不也是人類思想創造的結果？只是，你在新地球的構思與發想過程中，沒有金錢的匱乏，也沒有資源不足的障礙，因爲你的創造不需要借用物質，而是以意識的能量在量子世界裡創造。

哈！太神奇了，神奇到不可思議。人類被物質奴役慣了，突然要我們用自己的意識創造一個新地球的環境，我眞的不知如何著手。

沒問題的，你可以慢慢體會。你去觀察自己用意識帶來物質實相的顯化過程，就能體會到個中眞理，也會逐漸看穿物質的眞實意義。

成為光的管道，讓光前行

蓋婭母親，光的世界有誰在那裡？那裡的存有在做些什麼？

光的世界是大師與天使的場域，我們護持光的存在。一部分的我在地球做著守護大地和所有地球生命種子的工作，同時，我也存在光的世界中，擔任光的守護者。

光的世界裡有許多你們認識的神佛和天使，你們的宗教或神話故事裡的角色都存在此振動中。這些光的大師和天使也曾經以肉身體驗地球的生活，我就曾在古埃及時代，以埃西斯的肉身存在，後人又稱我為「生命的給予者」；當亞特蘭提斯沉沒時，我進入光的世界，也有後人稱我為聖母瑪利亞。你的靈性父親雷巴特一部分的靈魂體存在天狼星，他也同時存在光的世界中，就是你們認知的大天使麥可。

哇！太複雜了，你們居然可以展現像這樣分身同時存在不同時空的能力。

我簡單說明一下。在光的世界裡，我們都是光的守護者，簡單劃分成十二個光柱，每個光柱又可以再細分出光的分支。而這十二個光柱的振動頻率都不同，每一個生命都擁有這十二道光，透過光可以顯化出物質和非物質實相，也能進行連結和溝通。光可以經由你們的意識振動轉變結構，不同結構產生的振動可以進行不同的創造或療癒。你會接收到許多來自天使世界的光碼，這些光碼就是光的世界溝通的語言。

當你和自己的靈性父母合一，進入基督意識後，就可以開始學習使用光碼溝通。你父親一開始教你運用創造的能量流動法則產生光碼，就是希望建立你對光的世界溝通工具的初步認識。那也是你們的靈魂意識進入更高次元意識場的基本學習。接下來的學習會加快腳步，你會在我和你靈性父親的帶領下，經由連結光，來完成今生我們賦予你靈性生命的任務。

我仍然無法像你們一樣，成爲天使。

孩子啊！還有很多値得你去探索的旅程，別這麼快做決定。

現在有許多人在教光的課程，教導光的課程不就是要讓人回到光中，成爲大師嗎？

光的課程教你認識光，以及運用你們本自具足的光淨化自己，不代表你學會使用光就因此成爲大師。

喔！我明白了。所以，雷巴特之前跟我說要帶人去新地球，這是分配給我的任務嗎？

是的。讓人覺醒、走向揚升的軌道，是我們原訂的計畫。

你們有這麼多孩子，每個孩子的任務是否都一樣？已經有太多人在教人覺醒啊！

不一定，每個孩子的大方向一致，但分工不同，有些負責前導，有些負責中間過程，有些負責收尾。階段性任務的配置，會需要不同特質的人來帶領。

我呢？

你是前導者，由你展開之後，所有人也可以知道自己的任務，以及該如何展開自己的行動方案。

現在就來教你如何隨時與光的世界天使聖團連結，補充你需要的光元素，讓你光的通道的狀態可以更穩定，以展開行動。

喔！我眞的很需要。

這樣做，成為三位一體的光之管道

練習：手指操冥想法

1. 使用阿乙莎教導的暢通脈輪手指操（參考《阿乙莎靈訊》，或掃描下方QR Code觀看示範影片）。
2. 依照地、金、水、風、火的順序，握住每一根手指頭，左右手各十次。
3. 握住每一根手指頭呼吸，同時進入意念觀想。

用意念觀想每一次的吸氣，都在該手指對應的身體系統位置呈現一個同心圓——吸氣時，從同心圓的中央向外擴展，到吸氣停住為止的最外圈，每一圈的擴展過程代表吸入宇宙能量粒子，穿越肉體、情緒體、乙太體，一直延伸到最外圈的星光體，直到無法再吸入空氣。呼氣時，則反方向收回到同心圓的圓心。

吸氣

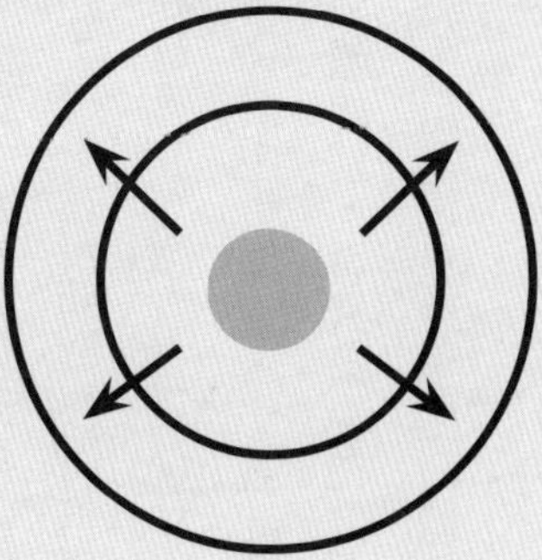

吐氣

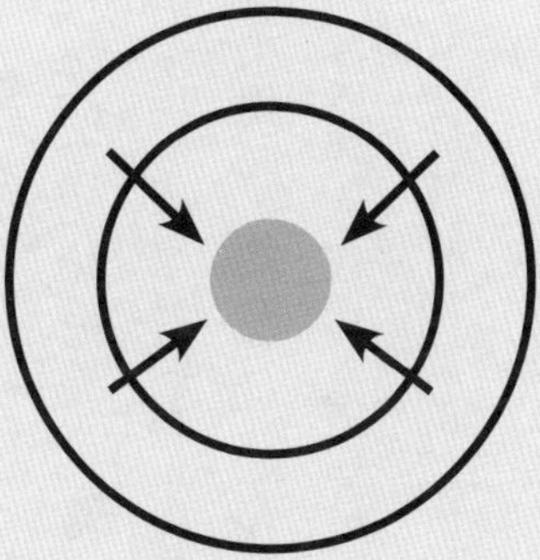

依序做完每一個身體系統，會感知到光進入身體系統產生的共振。

地（消化系統）↓感覺下腹部發熱，能量穩固於地球。

金（呼吸系統）↓感覺頂輪上方連結直達基督意識場。

水（循環系統）↓感覺光進入身體後方的腎臟與脊柱位置，平衡身體左右側的能量。

風（免疫系統）↓感覺能量充滿太陽神經叢，宇宙無窮的能量灌注進入身體。

火（內分泌系統）↓整個胸腺開始往下，身體感覺通透明亮，整個中軸空無、潔淨。

做完火元素，你會感受到中軸明顯放大，光透過自己的中軸流動，身心潔淨舒暢。你全身沐浴在光中，獲得喜悅和無條件的愛的能量。你不需要言語，也不用想像任何光的存有，就讓自己走進第一道迎接你的光中，光的世界的天使會給予你身體需要的養分和療癒，讓你的身心更穩定地扎根在地球，獲得豐盛和滋養。

這個練習你可以天天做，這是我送給你們的祝福。**當你療癒自己，讓自己成爲光的管道時，你就是在傳遞無條件的愛，療癒自己和地球。**

＊　＊　＊

我：阿乙莎，莎雅教我使用手指操冥想，我可以明顯感受到我第三眼的空間再度放大。請告訴我，我該如何應用這股來自光的世界的能量？

阿乙莎：這是在幫助你與所有天使聖團連結。天使以光的形態，非肉身或任何形體，而是以純粹光的守護者之姿存在，主要目的是要穩定宇宙，帶給各星球穩定祥和的運行能量。當你們中軸穩定，帶著純淨的意識振動來到此，與所有光的存有共處，你可以透過松果體連結，看到出現在你面前的光暈和各種顏色的光，這都是天使意識。這些天使意識可以透過星球上生命體的中軸，將光和愛注入你所處的空間；注入的同時，你自己

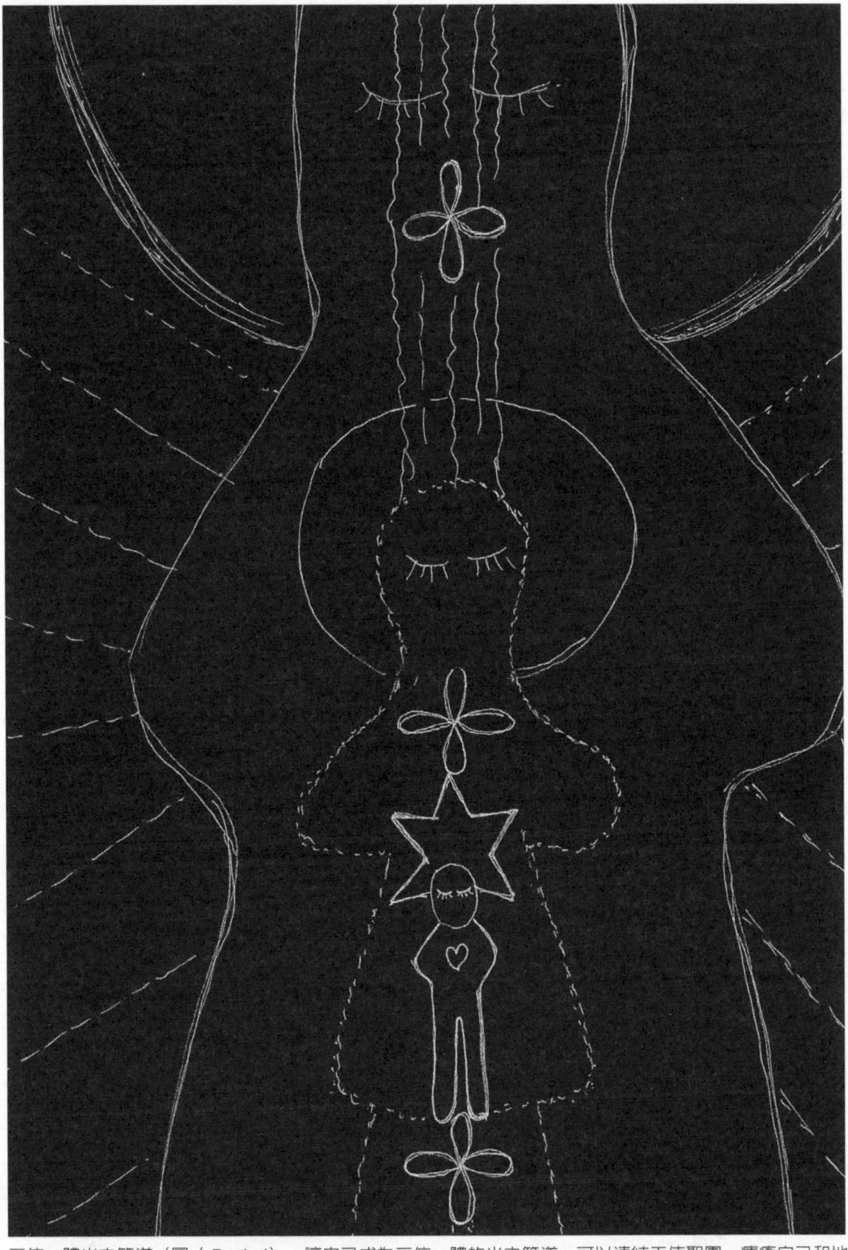

三位一體光之管道（圖／Rachel）。讓自己成為三位一體的光之管道，可以連結天使聖團，療癒自己和地球萬物。

會得到無條件的愛的滋養，你的身體細胞也同步獲得療癒，而你的松果體會因爲被光注入，再次擴展，並與光的世界順暢地連結和交流。你將成爲地球上的神性媒介，讓位於十八次元的光的守護天使，透過你將光傳遞給所有人和地球。

成爲光的管道時，你的意識會與迎接你的光的世界天使共振。你不但不會覺得能量太強或頭暈，反而會明顯感覺到身體無比通透舒暢。每一次連結只需要十分鐘，就可以幫助你恢復一整天消耗的能量，補充精氣神。每天做，你的細胞會恢復年輕活力。

*　*　*

莎雅，我剛才做手指操冥想的時候，感受到大天使麥可的光源。我不清楚到底是不是他，就是有個知曉來到我心中，那就是他。所以，我可以讓自己成爲光的管道，呼請任何一位天使嗎？

可以呼請天使，但我並不建議你這麼做，因爲這會讓你的小我再次凌駕你的意識，操控你的心智。我只希望你在運用光的世界的能量時，只要讓自己成爲管道，不帶任何想法和意圖，讓光的世界的集體智慧幫助你得到最佳的光的組成粒子，讓你的細胞，或是你要引導光進入的環境或場域直接與光的源頭連結共振。

爲什麼我看到許多人都會說祈請某某天使或大師的光降臨？

我的建議是讓宇宙光的世界的更高集體智慧來幫助你們。你無法透過指定某一種光而得到最佳的療癒和滋養，當你的小我意識再次企圖干擾，你的光之管道就無法純淨。

成為光之管道的優點

讓自己成爲光的管道，你可以帶給自己和這個世界嶄新的樣貌，並獲得以下的體驗：

不容易疲倦

當你有意識地連結到光的世界，你的身體細胞就可以充電，細胞含氧量增加，電位飽滿。

只要連結進入光的世界十分鐘，你就會精神奕奕，一整天充滿元氣，不容易疲倦。

細胞回春

你可以感受到細胞回復年輕有彈性的狀態，骨骼中的幹細胞充足，足以汰換老舊細胞；肌肉恢復年輕時的張力，牙齒也更爲結實堅固。

第三眼持續擴展

你會發現第三眼的位置敞開放大三倍，擴及整個顏面的上半部。你中軸的能量流通擴大，讓呼吸更順暢地帶動整個身體與周圍的能量流通。

中軸變寬，感知更加敏銳

過去你可以感受到他人的情緒體，漸漸地，你會更深化地去感知他人訊息場攜帶的故事和內容，這是因爲你對光的感受裡反映出的訊息接收能力更加細微和敏銳。現在你可以試著去解讀身在遠方的某一個人，用自己的第三眼去感知、觀想，你將得到和過往不同層次的訊息解讀能力。

遠距療癒

你可以透過自己的心輪感知到對方的場域，接著讓自己成爲光的管道，透過中軸引入光的世界的愛與光，讓光前行，就可以轉化對方的能量場域，幫助對方獲得光的療癒和滋養。

練習：遠距療癒

1. 執行手指操冥想，讓自己成為光的管道。
2. 用意念感知對方。
3. 將連結對方的感知帶入自己的心輪，與對方合一。
4. 用自己的第三眼解讀合一的心輪意識，得到理解與知曉。
5. 讓光自動進行療癒，直到覺得自己回到成為光的管道那般通暢愉悅的感覺。
6. 迴向對方，用自己的第三眼投射進入對方的身體場域，轉化對方的能量場體。
7. 感謝光的聖靈和地球母親幫助你完成此次的療癒和淨化。

要改變和轉化對方場域的振動，只要讓你自己的中軸成爲光的傳輸管道。你就是存在地球的神性意識，可以幫助萬物提升振動頻率，並與光的世界校準。你無法改變光的頻率，只能成爲光的管道，並將無條件的愛給予這個世界。

光的療癒應用須知

蓋婭母親，我嘗試遠距轉化某人的振動頻率，但無法從對方那裡獲得確認。有沒有什麼方法和注意事項，可以幫助我們正確地將光傳送給身旁的人和這個世界？

你們自身如果尚未成爲光的管道，就無法僅用小我意識來操作或調動光的能量進入對方的場域。這又是小我提出的伎倆。唯有讓自己成爲傳送光的管道，你才可以轉化對方和環境。**沒有方便法門，只有成爲中空的傳輸管道，光才能到達。**

水晶礦石都是經過日月星辰淬鍊出永恆穩定的光，需要在穩定純淨的環境中才能淬鍊出這樣的品質。你在練習讓自己成爲光的管道時，必須具備以下的認知：

不要以小我意識干擾光的流動

光是由具有智慧的粒子集合而成，不同的光會攜帶不同的振動頻率。顯化是由光粒子的智能來達成的，當光粒子觸及你意識所及的對象或場域時，自然會從你連結對方的粒子結構中得到相應的訊息。宇宙的光會自行調整成融合對方場域最好的光結構，以恢復目標本有的平衡。這不是聽從你的小我意識或由大腦判斷指揮所得的結果，你只能從中協助，讓出自己的中軸傳輸管道，讓光的守護者來執行，然後你就可以從自己的感知連結中知曉對方是否已經被光療癒或淨化。這不是魔法，要成爲光的傳輸管道，需要你們人類一起來協助，讓宇宙無條件的光與愛能夠注入其中，而在此同時，你自己也可以獲得淨化和滋養。

取得對方的同意才可進行光的療癒

有意願的接收者才會與你傳遞的光產生量子糾纏。若你有意爲對方進行光的療癒，但對方並不想這麼做，請尊重每一個生命有其自由意志，去體驗自己的生命旅程。而針對無法與你用言語溝通的過世親人或宇宙萬有，請同樣以你的更高意識在星光層和對方溝通，取得同意後再進行。

第三眼是光的導航工具

第三眼在光的療癒和轉化過程中扮演導航工具。並不是要你用第三眼去評斷或窺探別人的隱私，讓小我又有機會站上指揮的舞臺。用你的第三眼對準對方的位置或場域，對光的投射路徑具有重要的指向性。讓第三眼專注在導航，而非進行拍攝或偵查，就可以幫助光順暢地流動。

先淨化自己，再去幫助他人和地球

若讓自己成爲光的管道，是否會在療癒過程中將對方的負面能量吸附到自己身上？

你們必須先淨化、清理自己，讓自己的場體呈現無條件的愛的光之管道，然後再去幫助他人，這樣在與對方合一的過程中，就不會將其負面能量吸附到自己身上。光的能量流動的過程會幫助你們彼此合一的能量場體快速到達光的世界的振動頻率，所有低頻的意識能量會立即被轉化。

若未能及時建立自身光的管道，或是自己身上仍有許多恐懼、害怕、妄想和控制等情緒造成的能量破洞，在這樣的狀態下讓自己的乙太體與對方合一，就會產生能量糾纏，你的能量黑洞會吸附對方的負面能量，讓你覺得頭痛或身體明顯感到不舒服。即使如此，也不需要害怕、擔憂，若感受到自身光的管道不穩定，或與對方有負面能量糾纏，可以運用以下的祈禱文，幫助自己快速提升振動頻率，淨化光的管道。

淨化光之管道祈禱文

我感謝聖靈之光，從我的頭頂上方，緩緩向下，流經我的眉心，進入我的心輪。在此，我願意敞開我的心，與聖靈之光連結。

喔，聖靈啊！請幫助我清理和穩定光的管道，為了與我連結的人的福祉，將祢無條件的光和愛賜予ＸＸＸ〔自己或對方的法定名字〕〔或事件或場域名稱〕。

我現在已經成為光的管道，讓光前行。

你可以透過這個祈禱去祝福你關心的人、族群和國家。當你周邊的人和環境被你傳送的光照亮和滋養，你就在幫助地球恢復生機盎然的樣貌。

爲自己排一個行程，每天傳送光和愛給一個對象，連續二十一天，你會看見光帶給對方不同的能量，讓其重現活力。

光的錨定校準

我有一個關於用光和愛進行身體療癒的問題。我今早要幫助我先生療癒五十肩，依照步驟讓自己成爲光的管道，並用意念投射給我先生，但他沒有感受到疼痛有任何減輕，一直到我用手觸摸他的肩膀，大約才三分鐘，他就可以明顯感受到疼痛減輕百分之五十。請問該怎麼改善？

這是因爲你第三眼的錨定能力不足以穿越他細胞的干擾。在遠距進行光的療癒時，你的第三眼就是手術刀，而手術刀錨定正確位置是關鍵；若你沒有辦法正確辨識病灶的位置，這樣的遠距療效就會受限。

你可以採用觸療，手會攜帶電流，加速光粒子的導入。若是無法在現場進行觸療，可以先用遠距身體錨定偵測的技巧，將自己的第三眼對準對方的身體，並掃描清理需要療癒的位置。

練習：遠距身體偵測

1. 拿一張白紙，畫下對方的身形。
2. 拿一枝深色鉛筆，先用意念掃描對方身體，然後將感知到的對方身體的光投射在白紙上對方身體的位置。這時會用到你的第三眼去感知每一個相對位置的能量，若有覺得汙濁不順暢之處，就用鉛筆畫出來。
3. 將對方全身掃描完畢後，拿出一枝明亮的黃色色筆，塗在需要療癒的深色區域，然後將光錨定該身體位置，導入光的意念。也可以用橡皮擦來替代黃色筆，以橡皮擦擦去深色鉛筆畫的位置，代表完成了光的導入和清理。

4. 完成之後，可以請對方感受一下身體需要療癒的位置現在是否已經感覺放鬆、順暢。你也可以再掃描對方的身體一遍，在仍需要療癒的位置加強一下。

完成光的療癒之後的檢視

當你完成光的傳輸，回到自己的心輪感知自身能量已經注滿光和愛時，你就可以微笑著離開對方的場域。若此時仍感受到對方的能量尚未調整好，代表你自己的狀態和頻率無法讓光順暢運作。這是來自你自己的干擾，和對方的場域或其負面能量干擾無關。你可以先回到自身，完成自己光的管道的能量淨化後，再去幫助別人。

第十一章　地球母親喚醒光之工作者展開行動

認識網柵、磁柵和晶柵

網柵是宇宙不同次元展開形成的能量稜線，在地球的上方有網柵來處理與多次元存有的溝通連繫，就像是傳輸的線路，而磁柵是地球各區域網柵交錯產生的磁引力能量門。地球各區域有不同的能量磁柵幫助穩定或轉化各區域的能量場，比如在戰爭地區產生的負面能量可以經由地球上方的磁柵轉化，以逐漸達到平衡。因爲磁柵彼此間是相連結的，其所在位置下方各種生命存有之間的晶體釋放的能量會相互連結，成爲該磁柵區域的能量。你們在進行心電感應時，通常就是透過該區磁柵釋放的能量訊息來感知。

晶柵則是訊息的儲存庫，儲存所有靈魂振動的訊息資料。自古至今地球所有活動的訊息都會儲存於地球晶柵，此晶柵的資料會隨著地球生命狀態的演變，而隨之改寫。晶柵並不會轉化或調整訊息，而是會無分別地將所有訊息儲存起來，成爲地球的資料庫。宇宙其他次元的存有也可以透過讀取地球晶柵的訊息，而對地球的現況有所了解。所以，晶柵是地球生命的記錄器，如果地球晶柵的資料呈現重大變化，代表地球上有某事件影響重大，而改寫整個資料庫。人在走進一些曾經發生戰爭殺戮或重大慈心事件的場域時，就可以透過身體細胞感受到該區域的能量狀態，而這些反映出來的能量場是這區域的晶柵傳遞出來的；即使這個人從未生活在這個區域，仍可以從地球母親之內，在晶體意識或上方晶柵的位置讀取這個區域的相關歷史紀錄。一些靈性工作者甚至可以看見當時發生的影像片段。

地球下方的晶體和上方的晶柵互為表裡，下方的晶體如同備份晶柵的訊息而成為地球的集體意識。人類生活在地球上，不論是連結地球之心的晶體或連結地球上方的晶柵，都可以獲得關於地球生命的訊息，只是地球上方的晶柵有區域性，地球之心的晶體則是整體的紀錄，沒有區域的差別。

你們不妨進入地球上一些乾淨穩定、從未發生過戰亂的區域，可以感受到寧靜與祥和。在這些區域也可以重新獲得和宇宙意識的連結，不受地球晶柵釋放的訊息干擾。

有了這層體認之後，你們回頭來認識自己的生命。人類之所以會有一部分的靈魂意識被分裂出來投生到地球，就是為了幫助調整地球的意識晶柵記憶庫。人類的靈魂晶體投生進入地球時，你們的靈魂晶體中就已經擁有這個生存星球的完整集體意識晶柵記憶；同樣地，當一部分的靈魂分離，去不同的星球體驗時，那一部分的靈性片段就會取得預定前往星球的晶柵資料庫，進入分離的靈魂體驗旅程。

所以，來到地球時，你們的靈魂晶體早已儲存了地球母親的晶柵記憶，你們可以稱之為阿卡西紀錄。沒有錯，這個阿卡西紀錄同步存放在你的靈魂晶體之中，也同時將你在地球上的所有體驗完整收錄回地球集體意識晶柵裡。你和地球母親在靈魂晶體中是如此緊密連結，地球就是人類的靈性母親，你即使一生都無法憶起自己是誰，認不出自己的靈性父母，也不會被母親遺棄，你們都是地球母親的孩子。當你進入更高意識，讓自己的靈魂晶體重現光芒，你不但照亮自身所處星球的集體意識晶柵，也照亮了居住在地球上所有存在的靈魂。

地球母親要重建生態系統

失衡的地球生態亟需重新啓動新的平衡

目前地球已啓動校準行動，包含一些物種滅絕再生系統的建置，而人類在當中扮演重要的橋梁。你們會發現有許多人開始走進森林、進入海面下，進行探勘，這些人都是感受到更高靈性意識的啓發。你們終於看見，唯有進入人類平常不會進入的區域，才能找回失落的地球脈動。

在文明的世界裡，你們已經逐漸忘記大自然的律動規則，也聽不見蟲鳴鳥叫，都市裡的自然生態早已消失，取而代之的是工廠及鋼筋水泥大樓林立。只有一些覺醒的科學家試圖深入人煙稀少的山林和海洋，尋找原生地球生命的足跡。這些行動會被報導與傳遞出來，唯有在尚未遭受人類破壞的原始山林及沙漠中，你們才會發現地球珍貴的原生物種。

文明無法拯救消失的地球生態，只有你們願意帶著謙卑的心，踏上原始生態林區，才能找到與地球共處的智慧。

失衡的地球造成失衡的人類再生系統

地球的失衡和整體人類生命的存續是息息相關的。地球上方有穩定人類靈魂晶體的磁柵，目前因為地球中軸偏移、大量垃圾破壞海底生態循環系統，加上逐漸上升的海水溫度造成海洋生態失衡，地球的磁柵正在失去校準能力。

你們將會發現，自己的靈魂晶體也逐漸失去與地球的連結。人類無法用自己的第六感和直覺體感受大地萬物的能量，而漸漸成為地表的無意識生物。你們不能輕忽失去與大自然和地球的連結會造成人類生存危機這件事，畢竟人類的靈魂必須倚賴地球的磁引力，以維繫生命的永續再生循環；一旦失去與地球的連結，生物體死亡時，你們的靈魂晶體會變成游離的宇宙意識，被宇宙的黑洞回收，而進入黑洞的靈魂將暫時失去與光明世界的連結，直到下一次的陰陽轉換時，才有機會回到靈魂共同意識源頭的懷抱。進入黑洞的意識因爲身受黑暗沉重引力的包圍，將會面臨恐懼和不安。

人類須同步進行意識校準工程

地球與所有生命共同體需要跟隨地球母親的自體校準，同步進行個人和族群的意識校準工程。人類在地球上的文明只有數萬年，實際並不長，但這幾萬年就已經發展成今日你所見的地球樣貌。更多不快樂的人與更多的資源爭奪，造成人心的空洞匱乏。這不是地球原本的景象。人類的文明正在吞噬自己，並將自己鎖死在永無止境的勞動裡；你們失去身上本有的光，只爲了換取物質的滿足。你們正過著本末倒置的生活，而現在，只有回復自身內在本自具足的狀態，讓內在發光，你們才能重拾健康快樂的生活。這需要所有人覺醒，看見自己褪去絢麗外衣後展現生命眞實的光。

人類的心與地球母親連結，可以重現獨特的個人光彩，這道光來自你生生世世的生命之源賦予你此生的生命資糧。**去找回你本自具足的生命之光，只有讓自身的光再次閃耀，傳送回大地，才是生命來到這裡最重要的使命和道路**。你就是光的存在，而不是那些覆蓋在你身上的位階、頭銜、名聲、地位，不是包裹著你身軀的華服錦衣，也不是安頓你生活的房子、車子。那些你追尋一輩子來襯托和表達你是誰的物質都不是眞實的你，你是來到地球體驗的一道光，也是創造地球上萬物生生不息共生環境的光源。

我是蓋婭，你們的地球母親，我經由你們身上的光，得到更新的能量。當人類不再發光，地球就會漸漸失去生命的光源。我們是一體的，是共同存在宇宙之間的意識能量。此時此刻，我必須對人類提出忠告：時間的象限並不存在宇宙裡，那是地球進入三次元的遊戲規則；當時間被移除，你會發現自己就站在時間的軸線上不停迴圈。你沒有離開過，一直都在地球，而我陪著所有人類在此體驗的旅程終將告一段落，我需要提升自己的振動，晉升到下一個階段。當你遇見自己的眞實樣貌和全息生命景象時，你就會明白我對你們訴說的眞理。回到內在，你就可以找回自己更大版本的實相。你是我的一部分存在，而我也在你之內，與你同在。

人類就是地球和宇宙之間光的傳輸通道。人類通過打開自身無條件之愛的頻率，提升自己的振動頻率，同時就可以爲地球注入愛的能量，更經由地球之心與宇宙之心連結，透過宇宙源源不絕的能量進行自體平衡。

因此，地球的平衡需要人類，人類也必須透過地球，才得以和宇宙之心同步校準。這是生命的精密再生循環系統設計，也是宇宙眾神的智慧。

讓每一個生存在地球上的人類都具備神性的智慧，只要人類能夠讓自身的中軸恢復暢通穩定，就能連結天地宇宙，獲得來自宇宙無窮盡的能量，並回饋給地球母親，地球母親也會因生命的循環和重生，得以同步揚升。所以，地球的揚升是生命的自動化進程，是地球上的每一個生命共同協力推進的結果。

新地球形成背後的力量

新地球是地球和銀河宇宙揚升的生命創造出來的共同實相。地球上的生命不僅僅是你目前認知的各色人種，還包含海洋裡具備高度智能的生物，以及生活在地底下的外星族群後代、人類尚未發現的原始住民等等。這些生命已經活出不受物質世界影響的高度精神文明，他們正帶領自己的族群和下一次生命的意識種子進入新地球的軌道。這個新地球已經超越三次元的地球振動頻率，以精神和意識引領生活這樣的方式繼續體驗。地球母親也不間斷地提醒現在的地球人類盡早

新地球意象（圖／Rachel）。新地球將在人類與內在更高意識的連結中展開，你們會向原住民學習宇宙知識，回歸日月星辰的帶領，散播愛的種子，讓生命之花綻放，與大自然萬物一同迎接新地球的到來。

覺醒，明白自己生命的實相，讓覺醒的人類提升，進入新地球的場域。

當地球上仍有許多人正被物質世界吞噬，活在水深火熱、三餐不繼的黑暗中時，你們是否看見這是物質生活豐盛無虞的一群人自己創造出來的黑暗世界？你們不能無視黑暗的力量會吞噬地球的光明這個事實，地球母親必須用非常手段來平衡黑暗的能量場，因此天災、戰爭、人禍會不斷上演，讓你們任何一人都無法再自掃門前雪，因爲，你們仍是一體的存在。

啟動光之工作者的時間膠囊

當你們的意識與源頭校準時，可以得到前所未有的分享與創造新體驗。目前人類意識開展的速度很快，這不是受到教育或朋友的啓發，眞正的原因是你們的**憶起**。當你憶起自身在源頭世界的本然眞實面貌，並與之合一時，你就連結到宇宙意識，而這個宇宙意識會爲你敞開大門，迎接你的回饋。

你在現實地球的所有學習經驗與認知系統會與源頭的訊息場接軌，我們在帷幕這端收到你的意識振動分享的地球最新訊息，與此同時，你也可以透過宇宙源頭這端，獲得更新的創造性想法和源源不斷的創意泉源。我們就在這個擴大的連結場域中彼此分享、共同創造。

蓋婭，這太神奇了！沒有透過教導，直接連結，也沒有書面報告，我們就這樣從意識流動的過程中完成資訊的分享和更新？

是的！你不是正在體驗這個過程？你的靈魂已經儲存了我們給你預置的訊息檔案，你只要連結自己的內在宇宙下載，就可以不經由頭腦的邏輯思考，洋洋灑灑寫下這段文字，而這些文字的內容和主題並非你的小我預定的，不是嗎？

我們是依據你目前認知系統的全息狀態，給予你應該具備的知曉，而我們也經由與你重疊及感知訊息的過程，同步得知你的近況。

你們有安裝什麼東西在我身上嗎？還是每一個人都有這種連線模式？

我們並沒有把你抓去外星球安裝任何裝置在你身上，也並不是每個人都具備這個連線模式，那是你靈魂出生前的約定。我們在一些來到地球的星際種子內預先儲存時間膠囊，這個時間膠囊和地球網柵是相互配對的關係，時間一到，會自動展開爲連結訊息的狀態。

地球上有多少人有這個預置？他們都在哪裡、做些什麼？

有千分之五的人類已經被安置了時間膠囊，這是爲了讓地球再次揚升的星際種子計畫。早在一萬五千年前就已經有過一次地球大躍升，目前地球進入光子帶，準備進入下一次的揚升。地球每次的揚升都需要一群光之工作者協助校準，讓地球意識與銀河系連結。這群人居住在世界各地，都在此時此刻收到內在時間膠囊釋出的訊息，喚起覺醒意識。

這群光之工作者可以大致分成以下幾類：

訊息傳遞者

你和許多傳訊者都屬於這個類型。你們擁有純淨的靈魂意識，可以順利連結宇宙最高的源頭訊息場，以不偏頗的角度，讓訊息透過你們的感知系統傳遞出來。你們這群光之工作者扮演人類覺醒的先遣部隊，透過訊息的傳遞連結更多光工，形成穩定的地球網柵。

擔任訊息傳遞管道會受到光之存有的期待和保護。你們是宇宙光之存有的夥伴，投生到地球前早已約定好，要讓自己在約定的時間覺醒，啓動自身內建的時間膠囊。很少有傳訊管道是突然被要求擔任此工作的，另外，在具備純淨的靈魂意識之前，或是尚未完成自身於地球的前期工作，也無法開始這項傳遞訊息的工作。

靈魂呼喚者

地球上有許許多多分散的靈魂意識片段無法凝聚，或是因爲過去曾經歷的創傷造成靈魂意識分離，流散各地，所以需要光之工作者協助將這些分散的意識帶回源頭宿主，或是接引回到光中。這群光之工作者需要花比較多的時間在地球與帷幕之外的宇宙間穿梭往返，他們大部分具有更完整的靈視和意識導航能力。古代的薩滿或巫師大多屬於此類型的光之工作者，具有超越一般人的能量感應及療癒靈魂體的能力。這個工作需要無條件的愛與慈悲的灌注，地球上許多能夠連結自身指導靈的人都屬於這類型的光工，而這群地球療癒者的指導師也都存在最接近地球的集體場域中，協助靈魂回歸中心。

特殊職業工作者

第三類的光之工作者就是目前具備肉身，並在地球上從事特別工作或職業的人。他們涵蓋範圍很廣，包括宗教家、神職人員、醫生及護理人員、政治領袖、非營利組織工作者、科學家和研究員等等，爲了他人的生命和地球整體環境的利益，而努力不懈。這些人雖然進入靈性意識場中工作的時間不多，但他們的內在意識都能與光的世界連結；他們內心深處明白自己的工作超越地球物質實相，也不以追求個人利益爲目的。這群光之工作者也是穩定地球意識的重要能量。

大自然精靈

除了前面提到的幾類光之工作者，還有許多不具備人類物質身體的靈性存有，包括山川、湖泊、森林、礦石及土地中的精靈和意識場，也在地球這端幫助穩定地球的磁場。當你們將自己的靈魂意識與大自然連結時，就會發現這些生動活潑的光之存有隨時都在你們身旁協助人類和地球。你們並不是孤單生活在地球上的生命體。

地球守護者

海洋中的鯨類和海豚，是地球母親的導航裝置。這群在地球上存在已久的原生種族已經成爲地球的守護者，光的世界的聖靈不視牠們爲光之工作者，我們把牠們視爲地球母親的靈魂意識守護者。

連結生命的泉源：宇宙之湯

生命不僅僅在你們可以感知到的一呼一吸之間，你們的生命是來自宇宙的共同意識之湯。你一部分的意識分散在不同的宇宙時空，不斷經歷和創造新的體驗。這個更大版本的生命是你眞正的生命泉源，你不是只活在地球上的這具肉身裡，你還有許許多多的你，你們都會在源頭相遇，再次互連。這許許多多的你共同組成屬於你的版本的生命泉源。

一部分的你同意扮演你的父母、兄弟姊妹，還有一部分的你決定要當你的敵人和你無法與之共處的競爭者。這些角色的扮演者都是你在源頭達成共識的存在意識，你再次來到地球體驗之前，你們早已經講好，要再次扮演關係中的各個角色，才能得到你期待的體驗，而這趟體驗將再次幫助你充實生命的泉源。

你的生命泉源是宇宙之湯的一個小小片段，宇宙之湯的恢弘磅礡是你無法想像的。現在只要回到你的內在，與你的各個靈性片段連結，你就可以找回自己的生命泉源；而透過你的生命泉源，就能連結回到宇宙之湯。

你這麼說是指，目前和我有關係的這些人的意識中，也有來自我的一部分意識？

是的！你們是一體的存在，只是你在地球上必須忘記，也無法認同對方，唯有在這種情況下你才能好好體驗，不是嗎？當你回到源頭時，你會辨認出彼此是一體的存在，那些你設定需要的體驗就能內化成你的一部分。現在的你由你自己設定了需要的體驗，並由你創造出來的許多分身來協助你完成這個體驗。

被大家認定的聖者，或是被共同唾棄的壞人，他們是被更多的人共同創造出來的體驗嗎？

是的，你愈來愈明白了！

若我們每個人都能理解這個遊戲規則，不就天下太平了？

是的，你們也該醒來了，不用再繼續輪迴體驗下去。你們即將集體邁向更高的地球次元，那裡不是以恐懼或競爭來運行的世界；你們已經可以畢業，進入下一階段的體驗了。

你這回說得眞徹底，但問題是，我厭惡或害怕的人若沒醒來，只有我獨自清醒，是沒有辦法阻止邪惡的力量占領這個世界的，不是嗎？我不就讓自己處在危險之境了？

你用更高的意識將無條件的愛傳達給對方，他就會改變的。只是在你理解到他就是你之前，你過去是用什麼方式來對待與你不同立場的人？你若是採用同樣的方式對待另一個自己，會感到安心嗎？

我懂了！你這不就破題了？爲何你這一回要徹徹底底地講得這麼明白？以前都是講愛呀、慈悲呀、業力命題呀，現在卻跟我說，這些人都是我，我也是創造我生活上遇到的這些人、創造我面對的體驗的大導演，你這麼著急要讓大家清醒幹麼呢？

喚醒眾人，找回今生的約定

「我是誰？」

處於三次元世界的你曾到處探索這個問題的眞相，不斷找尋讓你自己滿意的解答。找來找去，你現在才終於明白，你無法成爲那個獨立存在的個體。那個你曾經費盡心思長養、使之茁壯的小我，只是將你帶離更大的我的誤導者。當你認出了小我之路，重返宇宙大我時，你會發現，**你之所以爲你，正是爲了成爲更大的你所進行的一趟體驗旅程**。在你放棄繼續走上小我設計的道路，進入內在宇宙的旅程時，你就開始踏上爲了成爲眞正的你而努力的道路了。

你今生的約定如今已展現在你的面前，你並非爲了成爲你不是的你和即將成爲的你而存在，你是爲了成爲眞正的你，而跨出宇宙帷幕之外。你的一切體驗都已內化在已經是你的存在裡，你從未失去或得到，你是那永不消退、不增不減的光和愛的存在。認出自己的光，就返回了集體光之存有的世界裡；你之所以存在的理由，已經在光中彰顯。

許多人已經從阿乙莎的指導中獲悉今生生命藍圖的約定和答案。這個約定正是你自出生以來一直追尋的生命終極答案，而且約定者是你自己，只有你能夠如此精心規畫出自己想要的旅程。

現在這個約定在你所處的地球看起來如何？和你規畫的有落差，或者是過於不可思議的劇本？你並沒有搞錯，你在帷幕那端的所見所聞如此清楚明白，怎麼可能會搞錯？錯是錯在現在的你忘得太徹底，也沉溺在地球的遊戲裡太久，讓你誤將虛幻變眞實。**你沒有傷害人、沒有做錯事，那些被你傷害的人已在帷幕這端等你清醒；你沒有被害，也沒有被遺棄，那些你認爲的背叛者都是你精心挑選的打手，沒有他們，你無法找到回家的路。**

你是如此勇敢地寫出自己生命的劇本，演完這齣戲，是你最期待的報酬。帶著生命的體驗，你再次榮耀自己的光輝，畫出璀璨亮麗的一道彩虹。

讓愛延續，轉化自己，創造新地球

每個人身上都擁有陰性和陽性能量，陰性代表神聖母親的能量，陽性則是神聖父親的能量。這兩股能量一個來自你生存的地球，地球母親的能量從海底輪進入你的身體，啓動存在你心輪之下的海底輪、臍輪和太陽神經叢，從海底輪貫穿而上，最終到達心輪；而聖父帶來宇宙的創造能

延續愛的種子（圖／Rachel）。陰與陽的結合，創造萬物的起源；水攜帶生命的訊息，在星辰的祝福下，延續愛的種子。

量，從你的頂輪上方往下，穿越頂輪、眉心輪、喉輪、胸腺後，直達心輪。

這一陰一陽的能量在你的心輪結合，漸次擴展開來。這是你靈魂本有的陰陽能量再次會合，這就是靈魂之愛，而來自靈魂之愛的能量可以改變你身體細胞的結構，開啓你的靈魂ＤＮＡ。靈性聖母和聖父的愛再次在你身上結合，你的生命將自此不同。

人類已經被禁錮在物質層次，不斷往外尋求愛，卻遺忘自己內在擁有聖母和聖父愛的能量，可以幫助人類延續生命，並創造和顯化地球萬物。當我們重新連結回到內在更高意識，重現靈魂之愛的能量流，就可以轉化自己，創造新地球。

社群連結可幫助集體意識校準

人與社群建立關係的目的是要幫助自己穩定在地球上，展開自身的生命藍圖。人與社群的關係並不是建立在表層的溝通和連繫網絡而已，你們會發現，沒有共同追尋的生命目標的社群是脆弱的，是可有可無的群體關係。這也是爲何你們的宗教會發展出許多祭拜或年度慶典活動，來彰顯你們個體生命之外的集體存在意識。這些活動都是爲了幫助分離的個體意識回歸而設計出來的，看似簡單的拈香祭拜祖先和天地，正說明人必須時時刻刻與更高意識和天地連結，才能穩定自己的生命。

現今充斥著各種表象意識的社群，每個社群的中心思想或連結漸漸薄弱。若你們**想要讓自身中軸隨時穩定校準，可以建立一些更能深化內在穩定力量的社群關係和管道**。不一定是透過宗教祭拜的儀式，你們可以善用現在的通訊科技來導引回歸內在之路，讓自己隨時隨地都能校準自身中軸。以下是一些參考做法：

一、**使用聲音連結**，幫助調校身體的脈輪振動頻率。

二、**文字的表達**是最有效的校準和提升意識工具。以文字幫助身心偏離或產生困惑的人，讓他們隨時可以閱讀和靜心。

三、**建立共同交流園地**。社群的集體力量可以帶給人們更直接的互動和回應，這個公開的交流園地可以讓人有隨時被群體支持的感覺。

四、**面對面聚會**。定期舉辦活動，讓社群成員透過面對面的交流凝聚與持續擴展出新的能量。在聚會中也可以經由工作坊和慶典活動，引進宇宙和大地的能量，淨化所有人的靈魂意識，並與天地校準。

除此之外，社群還可以讓人超越自身利益，爲了團體共同利益而活出超越個人的生命成長之路。這也正是星際存有們的工作模式。地球上的社群大多建立在私人利益的彰顯和極大化，也因此總是會產生資源分配的問題。當你們可以超越個人，在社群的運作下，將沒有所謂的個人私利需要被考量，也就不會有資源分配不均的困擾，一切都以能量平衡的方式運行。能量可以帶來資源，而團體中若沒有凝聚正向的能量流動，就無法產生集體的力量。這是團體中的每一個人都必須理解的法則。任何一個以私欲爲目的進入團體中的人，都會被揭穿他的眞面目；只有超越個人私欲，以團體的能量流動與平衡爲依歸，才能幫助整體共同成長，達成目標，而個人也可以跟著社群一起成長茁壯。

第十二章　穿越靈魂暗夜

（和蓋婭母親連結的這些日子，無論是我自己、朋友、社會，乃至國與國之間都有許多震盪發生，似乎地球正在快速穿越和清理。阿乙莎在此期間也幫助我解開意識上的盲點和固著的小我堅持，經由一次次的事件，讓我更加體會到所有生命來到此地都是為了完整愛的體驗。

編按：本章皆為阿乙莎傳達的訊息。）

解開意識上的盲點與小我的堅持

控制

阿乙莎，請幫助我，我老公又陷入自己的「感覺情境」裡，隨便遷怒到我。他總覺得是別人造成他的痛苦和問題，他的感覺誤區太多了，我很沮喪、難過、生氣，這麼多年也改不了。我要如何讓他看見他自己的狀態？或者，我該如何才能轉動他的念頭，那些僵固了數十年的痛苦死結？

你遇見一個最棘手的考題，這個考試也通常來自你身邊最愛的人。你不能「期待」或「要求」別人照著你希望的樣子在你面前展現，他就是你內在最深沉的一個結的寫照，你目前正準備穿越最後的考題。

要記住，對方絕對不會錯。

他的樣子只是你的投射，你看見自己的傲慢了嗎？

你認爲自己「想」的才對，別人怎麼「做」需要由「你」來給分數？

親愛的，不好意思，**這個世界永遠不會如你所「願」地展現**。

你還能「做」些什麼，才能讓這個世界以你期待的方式展現？

你現在願意如何做？

臣服、順流都不夠到位，你還要再深入一點，走進「無有分別」。

他就是你，那個最不近情、不講理的你的展現。你願意接納他成爲你的一部分嗎？你要去攻擊他，讓他醒來？還是融合他的期盼？你別無他法，在陰陽天地之間只有接納與融合，衝突、直來直往的方式只會切斷這道能量「流」。你無法這麼做，只能順應天道，伺機而行。所有的情緒你都會感受到，但要學習尊重生命的流動。你必須是顆幼小又堅毅的種子，穿梭在大洪流間；你無法對抗、堅持，當逆境來臨時，順勢而爲，這是你最需要穿越的難題。你的先生顯化出你必須穿越的課題，下次看見他又不舒服了，問問他：「我如何做才會讓你感到舒服和喜悅？」順勢去引導，就會圓滿。

小我

阿乙莎，我要向祢懺悔，我的小我還是有分別心。即使已經能夠窺見自己的生命全貌，到達合一的意識場，我還是拿自己的小我沒辦法，情緒還是會升起。我想知道，我們意識覺醒前和覺醒後，小我到底在幹麼？我要如何馴服它，把小我管理好？

這是個好問題，也是人類一直以來的覺醒誤區。我們來好好探討一下小我。小我是你身上的一股「尙待完整」的能量，這股能量打從你出生就跟著你，從你嗷嗷待哺的階段就隨著你身體逐漸成熟而長養茁壯。小我是你這一世新誕生的意識體，這個意識體和你出生的家庭及成長的環境息息相關。它不是來自你過去世的能量，而是你此次生命旅程重新創造出的新意識結構。

你會好奇，爲何小我有那麼多的想法、批判和內心戲？難道和你的過去世或你靈魂更高的片段沒有任何關連？爲什麼一個人在催眠狀態時可以看見那麼多故事情節，難道這些不是創造出今日小我的劇本嗎？

沒錯！我總是這麼認爲，許多宗教也將小我歸咎爲過去的業力種子。

其實不是的，你的小我是你此生重新創造和定義的「你是誰」的新版本，當你需要再次去創造此世的生命經驗時，小我就是你這一世的「結果」，而非「緣起」。當你可以連結自己的更高意識，去探究你靈魂源頭的本質和曾有的經歷，這些路徑指引就是來幫助小我找回生命最佳化體驗的地圖，也就是你此生生命藍圖的道路指引。

你此生要完整的對象不是在帷幕另一端的高我，當然不是，**你必須去照料和完整你的「小我」，藉由你的大我的支持和洞見，幫助小我在地球上再次創造**。所以，不要以爲連結到你的更高意識，獲得超越身體的體驗，處在充滿光和愛的天堂氣息中，就開始抹滅小我的存在價值，以爲小我不夠資格和你站一起，不能再稱兄道弟了；不要因爲你已經找回更大版本的你，擁有進入更高意識的通行管道，小我就該安靜住嘴，甚至消失得無影無蹤，否則外人就會覺得你不夠靈性、不夠神聖。

孩子，你看見了嗎？那樣不就是將小我推向另一個「更大的我」的小我了？你永遠無法成就自己的大我，你此生唯一可以成就的對象，反而是你的小我，那可是你這一世的立足點，是你在地球創造一切非凡體驗的支點。失去生命的支點，你將無法連結到高我；失去小我，就如同斷了線的風箏，無法駕馭自己的靈魂太空船，當生命結束那一刻，你將無法回家！

我一再提醒你們，小我沒有錯、沒有不好！小我的所有體驗和感知，都是來幫助你在此生完整自己生命藍圖的指引。**當你的小我不滿足、憤怒、絕望、嫉妒、委屈和恐懼時，這些情緒都是來幫助你釋放、平衡、清理和再次擴展自身的能量流動**。讓這些情緒和感知幫助你的小我，不要壓制，也不要抹煞小我的存在。小我就是地球上最眞眞實實的存在。

你們該把自己的小我當成最好的朋友，當你這個好朋友遇到不舒服的情境時，你可以連結自己的更高意識，給予小我光和愛；當小我被環境碰撞得體無完膚時，請給予小我足夠的勇氣去面對眞實的自己。當你願意給你最好的朋友無條件的愛和接納時，你的小我就能夠漸漸在更高意識的引領下，完整此生的藍圖，成就更好的自己。

當生命結束那一刻，你的小我將攜帶著此生的輝煌，在共同意識源頭的熱烈歡呼與擁抱下，與衆神合一。

抱怨

我要跟你談談人類常常使用的兩種意識能量，它們具備強大的量子磁引力效應，只是大多數的人沒有意識到這股能量的威力。

一個具備高度靈性意識的人永遠會**感謝**，透過感謝，他們可以將周圍所有不相容的振動轉

感謝會發出向外的環形能量波。

化成自己的能量。當你們感謝時，那股能量是以環形波投射，向周圍移動。

這個環形波可以產生空中黑洞的效應，**吸收和淨化一切負面能量，也會將對方的好能量帶入自己的磁場中**，威力非常強大。

你不妨觀察一下，當一個人站在路旁，不斷向往來的人群釋出感謝時，會在那個地方形成一個無所不包的能量場域，經過的人會自然而然臣服在這個場域中。

喔！我突然想到百貨公司的電梯小姐，一進電梯門，她就會敬禮，向大家道謝，而大家會突然安靜，也會欣然接受這個安排。

所以，若你能時時觀照，並向周圍發出感謝的能量，你就可以幫助淨化周邊的環境。出門在外看見花草樹木，去跟它們道謝，你就是在幫助花草清理它們吸附的周邊環境汙染物和垃圾；面對一個怒氣沖沖的人，你若跟他道謝，就可以立即將他的負面攻擊能量收編在你創造的空中黑洞裡，那就像是小叮噹的任意門，是轉化你周邊負面磁場的回收袋。

另外，我要跟你談「**抱怨**」，因爲這是你常常犯的毛病。你的個性經常會對不滿意的現象產生無意識的抱怨，但你要明白，**抱怨是在破壞自己的能量場**。你一抱怨，就會讓自己的能量水壩像洩洪一般，你做再多手指操和靜心、累積再多能量光，都會功虧一簣。抱怨會在你身體四周產生能量破洞。

抱怨會在你自己的氣場鑿洞，形成氣場黑洞。

如同用一把鎚子敲開自己的能量光環，你愈尖銳，那把鎚子就成了愈銳利的劍，將自己的能量光環戳破。抱怨的時間愈久，能量耗損就愈大。一個經常抱怨的人會讓自己的內在形成一個能量大黑洞，自身能量不斷流失而不自知，以致經過他身邊的人總是想逃開。

所以，「感謝」和「抱怨」同樣在量子宇宙中創造出吸附的黑洞效應，不同的是，一個是向外，一個是向內。**少抱怨，可以保護自己**

的能量場；多感謝，就能給自己一個好環境。

受害者心態

阿乙莎，我看見許多人有受害者心態，尤其是上一代的女性，婆媳問題造成一輩子的心結打不開。一個不快樂的母親會造成不快樂的子女和家庭關係，這種受害者心態可以黏著一個家庭一輩子無法釋放，甚至演變成老一輩傳給後代的名言，例如「吃苦就是吃補」「吃得苦中苦，方爲人上人」。爲何有這麼多人在扮演受害者和加害者的角色？

其實根本沒有受害者。你會質疑，不對，這個人明明被陷害，或是因爲某某人造成他生命財產的損失，甚至有人因此失去性命，這麼明顯的「受害和加害示現」，怎麼可能視而不見？沒有錯！人類如此上演受害和加害的情節已經上萬年了，仍然解不開這個「自以爲是」的循環。

我問你，媽媽生孩子時痛不痛？

當然，痛死了！

那麼，爲何母親遭受此種身體痛楚，不覺得自己是受害者？

那是因爲她期待已久的新生命終於降臨，她很高興。她已經不在乎自己身體的疼痛，所有的注意力都放在孩子是否健康；只要孩子平安出生，她就可以安心了，所以不覺得身體的疼痛是受害。

好啦！你已經回答了你提出的問題。

什麼？祢再說清楚一點啦！

意思就是，是否「受害」是由你的意識看待事件的角度所決定。

身體的疼痛只是生物體的反射現象，只有你的意識可以決定身體的疼痛對你的意義。人類讓自己的身體去感知，但你的自由意志決定了你是受害的，還是滿足的。你的意識有絕對的能力去指揮自己的大腦，決定這是一次值得的體驗，或是一次痛苦的經歷。

可是受害者遭受的痛苦明明和生孩子不同。一個加害者出現，造成了我的痛苦，我怎麼可能去感謝對方，謝謝他給予我一次痛不欲生的體驗？這是不可能的。

我並不是要你去感謝對方，而是要你的意識做出自由的選擇。當你選擇這是痛苦的、受害的，那你就活在痛苦與受害當中；若將你的意識放在「我即使體驗到如此不好的結果，依然有足夠的愛和能量給予我自己」，那麼你就只是允許並完成自己這一次的體驗而已，沒有人有權力繼續剝奪或侵害你，傷害就只能到此爲止。

身體本身並沒有情緒，身體只是如實反應你的意識投射的想法，因你的意志而產生情緒。當你選擇將自己放進受害者的位置時，你就將自己的力量壓制下去，想去找尋別人的愛和關心；你採取受害者的姿態去承受一切侵害到你身體和權益的事件，讓自己躲入有口難言、委曲求全、隱忍和妥協之中。**當你不斷認同自己是受害者時，其實就是在逃避生命賦予你的自主選擇和自由體驗的權利。**

你期待得到別人的愛和重視，逐漸合理化自己的行爲，創造出一個不需要自我負責的你，你甚至會賦予這個角色更崇高的意象：「我的受害是有價值的，因此，我願成爲受害者。我認同並允許對方加害我，讓我能夠在痛苦承受中成爲一個更有價值的人」。在這樣的受害者自我投射和自我賦權過程中，漸漸地，你終於將自己變成一個有力量的人，只是這會是一股扭曲的力量，將你變成另一個加害者。從受害變成加害，生生世世擺盪輪迴在自己創造的故事裡。

看見了嗎？人類放棄自己最珍貴的自由意志，不斷顯化出自己創造的角色。回到你的問題，**這世間並沒有受害者，也沒有加害者，是受害者的意識創造了自我的實相。**

當你發現自己又處於隱忍和有口難言的委屈中，請給予自己足夠的愛和勇氣，允許自己可以害怕、難過和脆弱。深入你的痛苦之中，你可以找回你內在的光，帶領自己勇敢走出這一趟生命困難的體驗，將這次的體驗化爲更大的慈悲和愛，給予這個世界有同樣遭遇的他人。不要失去生命賦予每一個人的自由意志，你是自己生命的導演和演出者，必須爲此生的生命負起完全的責任。

阿乙莎，我了解祢說的，每一個人的意志都是自由的，有絕對的權力和自由去產生「好」或「壞」的想法。但受害者今日之所以成爲受害者，就是他的個人意志被家庭、環境、社會和傳統綁架了，那些約定俗成的傳統道德觀念和社會公認的法則禁錮了他的自由意志，他就是無法掙脫；一旦掙脫，可能就要餐風露宿，小命不保，最後只好接受那些不合理的對待。他的自由意志被消耗殆盡，最終也只能選擇隱忍，承受痛苦。請問祢，自由意志遇到這些情況要如何發揮？

你說得沒有錯，非常有道理，甚至這些道裡可以說服每一個受害者繼續扮演他的苦主角色。你們就是那麼容易被小我的道理說服，被「眼見爲憑」的景象嚇得六神無主。孩子啊！如果我跟你說，那些張牙舞爪的惡魔和陷你於地獄無法掙脫的景象，就是你內心的魔鬼幻化出來嚇唬你的，你相不相信？那些只是你的心魔創造的實相，我希望你重新看見自己內心的黑暗，用意識的光去照亮深埋在你內心的黑洞。裡面其實什麼都沒有，你走進去，持續摸黑往前走，會找到光的出口。只有讓自己勇敢面對內心的黑暗，你才會發現裡面空空如也，外境所有的極端、限制、破壞、撕裂、絕境，都是你內心的黑暗投射出來的虛擬實境。讓你的內在重現光明，你就能輕易掙脫令你感到恐懼無力的景象。

當然，若你已經陷入黑暗的對峙中，保護自己的身體和性命仍是重要的；但若你的性命並沒有立即的危險，請用光和愛照耀自己的內在宇宙，讓你的靈魂重獲自由吧！

阿乙莎，我不想再狡辯，但我還是說服不了覺得自己還在忍受、還在爲了大局著想而活在痛苦之中的芸芸眾生啊！他們覺得自己的犧牲才能成就別人和大局。怎麼辦？這些人還是不認爲自己有問題，明明就很難受、非常苦啊！

對於那些覺得自己的忍受很「對」、很「理直氣壯」、很需要「被認可」自己是值得的人，請支持他們，給予他們力量。他們只是欠缺一點突破內心黑暗的勇氣，可以用太陽神經叢的靜心冥想協助他們。

練習：「點亮心中的太陽」冥想法

1. 將意識轉移到太陽神經叢的位置，只要靜心十分鐘，就可以逐漸擦亮蒙塵的內在太陽。
2. 接著，有意識地轉動太陽神經叢的能量，順時鐘、逆時鐘各轉動十次，再用意識在太陽神經叢的位置畫出原子的符號，就可以增強內心的意志，幫助平衡和點亮內在的太陽。

背叛

阿乙莎，我很不喜歡被人背叛，尤其是掏心掏肺後發現自己只是被別人利用的棋子。我很討厭這種感覺，被人背叛的自己，看起來眞的蠢透了，但我事後還要假裝高尚、沒事，一直不處理，把頭埋在沙子裡不想去面對。我只要一想到就不舒服，怎麼辦啊？請給我更高的智慧來看待背叛。

嗯！我知道你不愉快，所以終於忍不住又出手了。這也是你的個性和力量。當靈魂進入更高的維度，你們雖然會更趨向合一的意識，但仍然保有自己獨特的能量品質。你的個性不允許、也認爲不應該有這種品質的生命存在你的世界裡，所以，你回到原本的眞我，去做出該有的行動。這個行動沒有對錯，你們在地球上習慣以誰是誰非來論斷事情，而在更高的維度，只有光和能量品質。若你是一個四角形的晶體，就不會想要融入圓形的裝置裡，每一個人都可以如其所是地展現自己最初始的樣貌。

至於你想再去看見被人背叛的原因，就回到自己的生命藍圖去看吧！如果這個背叛你的人原本就不該存在你的生命中，因爲某個原因或因緣，他和你在此時連結，而現在他已經滿足與你之間的體驗離去，你也覺得不需要再和他連結，你們之間沒有愛的流動，也無法平衡地服務彼此時，你是可以切斷與他之間的連結和流動的。

但是，如果你在處理背叛事件的過程中帶有情緒，就是對自己的懲罰。**負面情緒會振盪出更多你不想要的類似情境，讓它們一再出現，直到同樣的戲碼上演時你已不帶有情緒**，這樣情緒的絲線就不會向外找尋下一個目標，以完整你尚未平撫的情緒波動。

讓不平的情緒隨著事件一起落幕，取而代之的是，你要去看見**自己應該從背叛事件中學習到什麼**。有某個意圖在你與他產生連結的最初，悄悄進入你的意圖裡，你必須去學習、去看見你當初的意圖爲何，如今才會一再擺盪出「背叛」的結局。那個「背叛」另一端的拉線是來自你的什麼想法？你必須去看見。

我認爲自己資源不足，需要透過別人才可以完成我期待的作品。喔，明白了！我不應該先產生自己有所不足和匱乏的念頭，結果去利用別人的才華，才讓自己收到如此的結果。

嗯！很好，所以你應該是去罵對方，還是感謝他送你一個完整的學習過程？

嗯！我應該謝謝他才是。可是，對方也很過分啊！難道他沒有需要學習的功課？

當然有，他會遇上「道義」的問題。像你如此重視「道德與正義」的人會自動遠離他的能量場，他的環境就會產生更多不公不義的能量。所以，你也是對方的祝福，他若因你切斷與他的連結而產生不平和憤恨的情緒，也就會讓相應於這個未平撫情緒的事件再次出現，不過，這時已經跟你無關了。祝福曾經與你相遇、給你痛苦和不舒服的人，他們都是來幫助你拆解身上不定時炸彈的天使啊！

憤怒

阿乙莎，我無法用三言兩語阻止一個發怒、瘋狂的人。遇見這類型的人和事件時，我要如何有效轉變對方的心念，讓對方可以校準自身的更高意識？

這是你們身在地球場域天天會遇到的情景。你們的個人意識與外界是處在分離的意識狀態，要能適時幫助你遇見的人改變其心念，最有效的辦法是讓對方得到內在的力量和感動。

沒有任何外在力量可以拉住一匹脫韁的野馬，只有愛可以讓瘋狂奔馳的野馬感受到內在的祥和平靜。那時，這匹脫韁野馬才會停止狂奔。

對方之所以會如此，是因爲此時此刻的他無法得到愛的體驗。他正處在一口黑暗的深井中，失去生命的動能，只能伸出雙手緊緊拉住遇見的每個人、每件事。那是一顆處於黑暗中的心最終的祈求，如同一頭受傷的獅子垂死前的奮力一搏。

你只看見他外表的強悍，你是否可以深入他的內心，看見他的惶恐與不安？你可以給出自己的光，去照亮他的黑暗世界，用你的心輕輕托起他受傷的心，放進你溫柔的雙手中，用你心的溫度去包容這顆冰冷的心，讓你平靜的心跳聲引領他走出黑暗的深淵。

此時此刻，沒有任何對與錯、是非善惡、應該與不應該的討論，即使你聽到對方口口聲聲提及的每一件事、每一句憤怒惡毒的話，那都只是在哭喊著不想待在黑暗的深井裡，不須去評斷他提及的任何人與事。

而你在看見對方的同時，是否也憶起了熟悉的場景，憶起你也曾這般嘶聲怒吼？你是否能憶起是什麼力量將你拉回？

是的，只有讓愛從自己的內在升起，才能救自己。而此時，給予對方愛和慈悲，就能幫助對方脫下戰袍。

阿乙莎，我遇到狗屁倒灶的事件，依然會生氣。有更好的辦法嗎？

當然有更好的辦法，就是**用更大的愛去包容和允許自己的負面**。你雖然仍有負面情緒，不想去看見和面對，但你能否允許自己仍然會生氣、失望、不情願？你可以比過去的自己更善待、更包容自己嗎？你不是去善待傷害和背叛你的人，而是去善待和包容面對人事物時仍有負面想法和情緒的自己。先讓自己平靜下來，再次看見你需要擴展愛的能量來給予自己，看見你的批判和壓抑都是目前你尚未平衡的能量，然後用光和愛照亮自己，給自己溫暖和無條件的支持。慢慢地，你感受到的那個憤恨不平的念頭會被自己的愛消融，然後你就成功地穿越了，並且擴展了自己愛的能量，用愛的能量轉化了周圍的一切。

擔心自己

阿乙莎，我擔心會被對方拖下深淵，我的能量會被無止境的需索耗盡，而失去自己的平衡。

你爲何需要擔憂自己？你看見自己的擔憂和看見對方現在的擔憂是一樣的，現在的他就是你，你也正是他。只有讓自己先成爲光和愛的流通管道，你才可以帶著自己和周遭的一切穿越黑暗。

讓自己的小我意識再次和更高意識校準，讓意識契入那個無分別的「一」的存在。在與萬物合一的狀態下，你就能將自己提升爲愛的管道。你不受小我意識拉扯，去對抗和回應對方，而是已經全然融入萬事萬物中，將一切負面與黑暗的能量帶入光中。這就是讓自己成爲光與愛的意義。只有愛與寬容可以讓萬物在愛中共振，**轉化你自己的意識，就能轉化周圍的一切**。

帶著這份理解，將你的愛和寬容融入那個沒道理、不符合邏輯、充滿衝突與不安的人事物中。對你來說，這也正是讓自己的心輪再次擴展的機會。說起幫助自己打開愛的管道，還有什麼比身邊親密的家人更安全有效？

你今天學習到來自黑暗天使的力量。你面對的那些吸收所有人愛的能量的人事物，同時是來幫助你展開自身愛的能量的流動和共振，讓你在愛中再次提升、再次擴展開來。

社會動盪，戰亂頻傳

人類過去的經歷造就了整體人類今日的價值系統，這些價值系統確實創造出地球今日的文明，但文明背後，有你們看不見、被排拒在主流系統之外、不被接受或人們抗拒面對的眞實情感。這些情感需要有流動的地方，若這些隱藏的能量無法順利流動，在人的身體上，就會導致結締組織增生，影響身體健康；在社會，就會形成社會運動和抗爭；在國與國之間，就會爆發抵制行動，甚至戰爭。

人類不想碰觸和看見的意念，偏偏就會特別頑強地凝聚在一起，力量如排山倒海般湧入，直到你們再也無法視而不見或忽略那股力量，因爲那些尙未找到出口的能量會去尋找它們的歸屬，也就是發出那些意念的主人。

你會說，是別人讓我不舒服，所以我才會壓抑和對抗，別人才是始作俑者，怎麼會是受到壓抑的人需要面對？

這個世界就是如此展開的。從你自源頭分離的那一刻起，你就創造出許多値得你分離和探索的理由。沒有分離的「因」，就沒有回到源頭的「路徑」，而這個「路徑」是你替自己鋪設的回家的道路。當你自己循著這條路徑回到原點，看見那個最初想要分離、想要再去體驗的「因」時，你就不再分離，回到家了。**不要排斥和抗拒你「反對」的人事物，那是在邀請你、幫助你走回源頭的家。**

至於和事件本身或發送意念無關的第三者，當他們將自己的憤怒或抗拒投射出來，造成整個社會或國家的問題，殃及你時，你又該如何看待他們？爲什麼這些人創造出來的內在分離意識和衝突垃圾，要往你的身上丟？

你必須去看見，正因爲你願意打開眞理的大門，讓人們得以進來獲得痛苦之身的解答，他們才會一股腦兒地想要讓你知道心中累積的所有不平和壓抑情緒。他們只是想要得到愛和關懷，去弭平內心累積已久的創傷和憤慨，當你看見這個狀況，願意給黑暗中的人一盞燈時，不需要去回應和解釋他們內心壓抑已久的能量的起因。此時此刻，只有光和愛可以塡補仍在黑暗中的意識，也只有讓無條件的愛的能量流動起來，才可以引導他們回到光中，讓受傷的獅子可以停下腳步喘息。你要以更慈悲的心看見受傷的靈魂，他們已經尋尋覓覓千百回，就只是爲了找到回家的路。

阿乙莎，有沒有當下立即可用的方法，能解除負面情緒帶來的破壞？

很好！讓我來跟你好好解釋一下人的構造。人類是經由情緒感知得到體驗，來完成生命學習的道路。這是宇宙法則沒有錯，你們過去學習到的吸引力法則，就是從這個能量運行的角度推演出來的。只不過，心想事成講的是正面的情緒波，是一種帶著期盼或夢想的傳達，但人類在地球上應該有一半的機率會面對自己不想要、拒絕和排斥的那一面，那一面也是心想事成，只是你們無法認同連自己不想要的也會心想事成。沒錯！這就是量子世界的運行之道，你們的「想」會產生能量流，這股能量會伴隨其振動頻率，在量子世界達成量子糾纏態；也就是說，相對於這個頻率的另一端的實相，會在宇宙中同步誕生，直到趨近於中央為止。

你產生的意念愈強烈，兩端的距離愈大，要縮小振幅、接近中央那一點的時間就會愈長。同樣地，你產生的正向能量和渴望愈強烈，這個想法的振動磁場愈能夠展開，所影響的時空和距離就愈大。你給出什麼就會得到什麼，你不想要的也會有相對於不想要的回應，回傳到你身上。這一切的顯化過程存乎一心，**你每一個心念的升起，造就了你的世界**。

想要幫助自己在情緒的亂流中趨吉避凶，最有效的方法就是淨化自己，照見自己的每一個心念。一旦覺察和看見不好的念頭或負面情緒升起，立即將呼吸導入這一念，大口吸氣，提起，看見，呼氣，然後放下流入大地。不要隨著自己的負面念頭產生對峙性的思想和行動，一旦加深負面的力度，就會給自己更大的困境。

所以，佛家說的慈悲、緣起緣滅，和基督教講的愛是恆久忍耐又有恩慈，都是相同的道理。只是人們面對情緒的升起，很難克制自己不去對抗和行動，那也違背你們的自由意志，甚至危及自身的生存權利。這些都是你們會面臨的生命考題，而生命就在一次次的自由意志彰顯行動中，學習到自己就是愛的源頭。你們本身就是愛的振動，而愛的另一端的黑暗，也是愛的體驗。那是將愛放大的因子，**沒有黑暗的力量，愛就無法再次擴展**。你明白了這個道理，那麼，你現在會如何看待自己的黑暗面？

深呼吸？

是的。立即深呼吸，讓意識回到自己內在的中央。進入中軸，進入無念無想、無有分別的狀態，你就可以轉化和超越阻礙，讓生命立即轉向光明。

第十三章　意識淨化的最後一哩路：面對死亡

（對於來自小我的諸多抱怨和舊習氣，阿乙莎和蓋婭母親一直很有耐心地教我明白個中的真理。而我全然不知，還有最終的考驗正在前方等著我……

編按：本章皆為阿乙莎傳達的訊息。）

死神降臨

（剛度過忙碌的農曆新年，大年初七的清晨五點鐘，父親急促地敲我的房門，把我從睡夢中驚醒。高齡九十五歲的父親過年時得了小感冒，年節期間醫院沒開，他咳了三天，我們不以為意，但這突如其來的敲門聲打破了家裡一貫的平靜。

父親漲紅著臉，氣喘吁吁地對我說，他呼吸不過來了……

我和先生連忙將父親送往距離家裡最近的大型醫院。一進急診室，醫生照了肺部 X 光，發現是急性肺炎，浸潤積水，要立即插管，否則就有生命危險。一時之間，我無法理解這一切，難道沒有別的方法？看見父親漲紅著臉，呼吸急促，氧氣已經給到百分之百，還是不夠他呼吸。才三十分鐘不到，已經沒有機會評估判斷，更沒時間轉去其他大型醫院了，我向父親稟告我必須立即做決定：「爸，幫你積極治療好不好？」父親跟我點了點頭，我就對醫生說，先插管，讓他能吸到氧氣吧。前後不到一個小時的搶救，我父親已經插了管，進入加護病房……）

插管次日

阿乙莎，我的父親正在對抗急性肺炎，已經做了生命搶救措施，恢復呼吸了，但現在身體很痛。我可以如何幫助他度過？他是否會有生命危險？請祢給我力量，幫助我的父親度過難關。

我知道你很捨不得父親與你分離，雖然這是你們在地球必經之路。你總是期盼那一天永遠不會來臨，但你現在已經很清楚地知道，生命在宇宙帷幕這端是永恆的存在，不會消失。你父親此生與你的約定已經圓滿，你對他的不捨只是讓他的離去更困難。你期待他再擁有一個健壯的身體與你共同生活，這樣的想法是不切實際的。他已經九十五歲，以你們地球人類的年齡來說是優等生，你只是沒有料到這個時刻來得如此倉促。你不是不知道有這麼一天，只是當你面對這天時，你能否帶著光和祝福，去迎接他在宇宙帷幕另一端的重生？你父親不會消失，他的靈魂意識是完整的。

此時此刻你最需要做的，是讓他了無遺憾地離開他最摯愛的親人，還有他一直以來最珍惜的身體。去跟你父親好好說，讓他安心比期望他再次健康地活下去更有意義。

不！不行，我還是捨不得他離開我。我不想他用這種方式離開，他都無法好好地跟我們道別。我要他好起來，至少有所準備後再上路，我要教他如何迎向光。我還沒有教會他走上宇宙帷幕那端的旅程，我不放心他可以好好地走……

你眞的不用替他擔心，他有一整個親友團在歡慶他的到來。他是完美的靈魂，此生已經心滿意足，你們的不捨都是自己的問題，讓他安心地走是活著的人要學習的功課。死亡是每一個生命對活著的人最珍貴的教導，他教導你們愛要及時。你以為他此時此刻是會想著如何活，還是如何前行？

我父親沒有宗教信仰，我不確定他會知道如何前行。

你又想多了。當他昏迷時，他就會離開疼痛的身體，進入光中，這是身體的自動保護機制，而你們的牽絆讓他不得不回到身體，與你們互動。事實上，離開身體是他最舒適的存在狀態時，他就會自然地離去。你以為他還存在身體裡呼吸著稀薄的氧氣，活在痛苦中，那是你用自己生物體的角度去看他。你可以進入更高的意識維度去看見你的父親，看看現在的他如何。

晶體中的呼喚

阿乙莎，我要怎麼看到我父親？

你可以的，進入自己的晶體去呼喚他吧！

插管第三日

（父親進入加護病房第三天，過年期間正值流感季節，胸腔加護病房裡幾乎都是插管治療的病人，現場只有護理人員，看不到主治醫師。家屬探視時間只有短短的兩個梯次，每次三十分鐘，我著急地想知道父親每分每秒的病況，也擔憂醫生是否有積極地幫助我的父親，於是決定到門診找主治醫師，詢問父親病況的同時，也看看醫生的態度。我相信醫生的正面能量和對病情控制的信心是可以幫助病患的。

來到胸腔科主治醫師的診間門前，非常多病患排隊等著就診，終於輪到我了……

我：醫生，我父親目前的狀況如何？

醫生：他們沒跟你說？

我：誰？加護病房沒有人跟我說明，沒有給我看 X 光片，說明肺部發炎狀態，沒有發炎指數報告，還有目前的用藥方式也沒有跟我說明。

醫生：那裡面有值班醫師，你可以去問他。

我：我父親年歲大，禁不起插管太久，是否可以用自費的流感藥物，或是幫他補充營養和消水腫的白蛋白。可以施打類固醇嗎？

醫生：那些自費藥物很貴，你不用花這個錢！

我：根據我的經驗是需要的。我公公當年也因肺炎插管住院，院方施打自費的白蛋白、類固醇，還有自費的抗生素。我願意自費。

醫生：你公公幾歲？

我：當時八十三歲

醫生：你父親今年幾歲了？

我：他快九十五了。

醫生：是呀！都九十五歲了，不會這麼快好。其實，這種急性肺炎對老年人來說，抵抗力弱，並不容易復原，你要明白，也要有準備。

我：醫生……你說這話是什麼意思？

醫生：我看這個狀況，至少要在加護病房待個三週，打抗生素，培養細菌。幸運的話，找得到細菌，也有很多時候是查不出細菌的，只能天天打抗生素，一劑比一劑強，他的其他器官能不能撐下去也不知道。年紀畢竟有點大了，他沒那麼快好，你著急也沒用，也不必來找我我……好了，就這樣了。下一位。

這樣的對話，讓我心涼了大半截。

醫生不看好，也沒有積極治療的打算；加護病房沒有隔離措施，一床床都是插管的重症患者。這樣的環境和醫療人員的態度恐怕救不了父親，我當天晚上就安排救護車，一路從桃園把父親轉進臺北榮總。

進入榮總重症加護病房時，已近凌晨十二點，馬上照 X 光，發現父親的肺部發炎狀況三天來不但沒好轉，反而惡化了……看來，這三天尚未對症的抗生素施打一點作用都沒有。難道如同阿乙莎說的，我父親的靈魂已經離開他的身體，不想回來了……）

插管第四日

（去醫院看父親之前，我依照阿乙莎說的，進入我的晶體，呼喚父親。

我處在自己晶體的中間，看見父親出現在我的面前。他在帷幕外的光中，開心地對我說：

「瑞琪啊，我在這裡比回到身體裡頭舒服呀！你讓我完整地離開好嗎？我已經活得足夠了，該離開了。現在，我有百分之二十的意識需要你來幫我補足，你給我祝福，讓我帶走存放在你身上的靈魂意識，這些意識可以讓我更加完整地離去。」

聽到父親這麼說，我揪著心回應他：「我明白了。請你再給我一點時間，我需要考慮一下。」

離開晶體，回到小我意識，此時，我已淚崩大哭……

我真的給不出來。我怎麼可能放手？送走屬於父親的百分之二十意識，他就會離開我。此時此刻，要我給出可以讓父親完整的百分之二十靈魂意識，對我來說是多麼地痛啊！

為何我會這麼痛，這麼不捨、不願、懊悔？我知道，是因為我還沒有準備好，因為我這輩子愛他還愛得不夠。過年前因為做菜要以誰的喜好為主，家裡還發生了小爭吵，我知道他氣我，覺得我變了，不像以前聽他話的那個孩子，我至今還沒有請求他的原諒。我本來可以一如過往，處處如他所願，結果我故意氣他，想讓他明白這個家該由我當家做主，我不能只顧著他，不顧我的先生、婆婆、孩子，我不能讓他主宰我的世界。所以，我將重心從父親身上移開來已經快一年了，而現在他要離開，我連對不起都還沒有說啊！

「爸，我現在想跟你說心底話，你聽得見嗎？

「爸，我錯了，我希望你再給我機會挽回，我對不起你。我知道你痛苦，但我現在還不能放手，請你再給我一次機會，成全我好嗎？再給我最後一次機會，讓我好好地說我愛你。這輩子即使是父母子女如此親密的關係，我卻沒有太多機會向你道愛。從小到大，你照顧這個家，用你軍人的性格要求我成為一個有紀律的人。我知道你愛我們，我也好愛你，但我們彼此都是將愛埋藏在心底，用父母子女之間的傳統相處方式包裹住彼此從沒説出口的愛。我知道你硬撐著九十五歲的身體，每天鍛鍊自己，就是不想成為子女的負擔，生病也從不喊痛，怕我擔憂。你打拚一輩子，連身體老化也要硬撐著，不讓自己在我面前垮下，因為你要成為我的山、我一輩子的依靠。你的世界裡只有我們，我卻要你從我的生活中消失、放手，我好過分！我錯了，我知道這一輩子，還有這些年來你辛苦了，我知道，我都知道，你是這麼愛我們，只是沒用言語表達出來。

「讓我們轉換角色，讓我從今以後成為你的山、你的依靠。求求你信任我，讓我可以從現在開始用盡我全部的力量來愛你，跟你共度最後的日子，好嗎？你不許跟我要回百分之二十的意識，我要你先成全我的需要，好嗎？拜託你，老爸，女兒跪求你了！」）

以光的療癒輔助治療

插管第五日

阿乙莎，我知道我的父親想離開，但我還不肯。昨天和他在晶體裡的對話，我希望他能聽見，並答應我的要求。我目前還可以怎麼做，才能幫助我父親脫離險境？

很好，你父親會知道的，讓他決定。生命能量可以由自己的意識主宰，你已經和他溝通過，不論結果如何，都信任你父親將爲自己做出最好的決定。而現在，你可以用光來治療他發炎的肺部、腫脹的肝臟，以及愈來愈虛弱的腎。你可以將意識帶入眉心，用雙手建構他的身體能量場，從心肺功能開始，在手中呈現你父親受傷的場域，拉高你的意識，連結光的世界。用第三眼連結光，並導入你雙手之間那個屬於你父親的場體，這個光會依照他器官的能量狀態進行光的療癒。光的世界會自動給予淨化病患場域的能量，你不需要指定任何形式的光，只要建立連結管道，讓光自動運行。

當你連結他的場域，使其進入你的雙手間，他必須被告知即將施作的光療。他必須有意識地配合這個過程，才能釋放他體內的雜質。若他目前已處於無意識狀態，你要進入更高的意識場與他的高我連結，請他的高我認同你即將施予的光的傳輸療程。

一個成功的光療不到十分鐘就可以完成，你會看見病患呈現好轉反應。目前你可以暫時用此方法來緩解他身體的狀況。

好的，謝謝阿乙莎，我立即幫我父親進行光的療癒。

練習：光的療癒

1. 連結病患的患部位置場體，使其進入你的雙手之間。
2. 若病患目前處於有意識的狀態，就告知對方即將進行光的療癒，請對方配合；若病患處於無意識狀態，就必須將自己的意識拉高，與對方的高我連結，請他認同你即將進行的光的傳輸療程。取得同意後，就進入下一個步驟；若無法獲得對方的同意，就停止。
3. 讓自己成為光的管道，用第三眼將光導入雙手之間那個對方的病灶場域，進行光的療癒。你是連結通道，讓宇宙光的世界自動給予這個場域需要的光。
4. 約進行十分鐘後，即可結束這一次的療程。

5.結束後，感謝光的世界的協助，感謝對方願意敞開自己接受光的療癒，然後讓意識回到自己身上，完成這一次的療程。

插管第六日

（早上醫生來告知，一早的檢查顯示父親的情況有往好轉的方向前進，血紅素提升，發炎指數已經下降到一萬。這個好轉跡象也激勵了整個榮總重症加護醫療團隊，因此醫生告知，他們今天打算另外排入更進一步的介入性治療，除了沖洗肺部的積痰，還可以同時進行更深沉的肺部採樣，看看是否能找出尚未發現的細菌或病毒。搶時間幫爸爸早日找出細菌，才能更對症地使用正確的抗生素治療。

我內在知道，這是爸爸回應我的請求了，願意讓這一切往好轉的方向行進。我充滿感謝，但父親尚未脫離危險。）

阿乙莎，我父親有好轉跡象，我是否要繼續幫他做光的療癒？

你持續灌注光給你父親，對他是有幫助的。這是改變他的能量場域的過程，你要記住，療癒患者要先改變環境的能量場域，才能創造新的實相。醫護人員是在物質體上操作，你則是在量子場域操作，兩者可以相輔相成。你轉動你父親身體在量子世界的環境場域，就可以帶動他周圍的場體去配合他環境場域的變化。環境是看不見的因，物質是看得見的果，種因勝於去對峙結果。

謝謝阿乙莎，我繼續努力送出光給父親。

淨化病患的環境

插管第七日

（接連兩日送光給父親，發現他有精神多了，發炎指數持續好轉。前天的介入性治療幫他清理了更深層的積痰，昨天的痰量更多，抽痰清理的次數增多，可喜的是，我看到父親已經展開求生模式，看得見他想要努力讓自己變好。）

阿乙莎，我父親雖然各項指數都有好轉，但仍然未脫離危險狀態。早上去醫院前，我用雙手偵測能量，感覺父親肺部的能量場又縮小了。這個光的療癒要像打針吃藥般，每四小時進行一次，直到穩定嗎？

是的，就像大掃除，有垃圾和雜物出來都要清走，才能產生新的生命物質。在他的能量場體尚無法自行清運垃圾前，你可以持續進行光的療癒，還可以遠距清理他身體所處的環境場。

我要怎麼做，才能遠距清理他身體所處的環境場？

你可以這樣做。

練習：遠距淨化病患的環境

1.讓你的意識連結進入他的病房，在天花板點燃生命之火，然後從房間右前方的角落開始，以逆時針方向在每個牆角點燃生命之火。一面點燃火焰，一面用意識觀想火焰呈現紫色，紫色的火焰有很強的環境清理效果。

2.接著，在他身體躺著的病床四周，以意識引導圍上白光的簾幕。從病床正上方灑落，包覆整個病床，一直垂落連結到地上。

3.最後，用意識在床底畫一個三圈的圓（如下圖），打開一個洞，讓

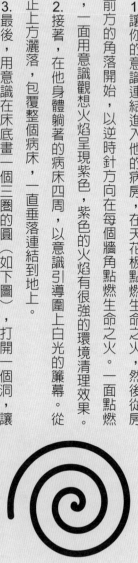

黑色的能量可以進入黑洞中。

完成整個病房的基本清理，就可以接著為身體進行光的療癒。在每天的日出和日落時分各做一次，可以加強匯集陽性和陰性的能量，重現生命的元氣。

結算靈魂契約

插管第八日

（父親的肺仍在發炎狀態，血糖升高，對肺部的發炎不利。目前狀況雖沒有惡化，但似乎也停止好轉了。雖然已經排除是A型流感病毒，卻仍查不出可辨識的細菌源。

我只能持續送光給父親，早上送出的光才讓肺部能量擴展，到了下午又明顯萎縮。我持續早晚各做一次，調整他肺部的能量場，醫生則持續每天施打抗生素、白蛋白、類固醇……我看著父親雙腳的肌肉開始萎縮，褥瘡已經產生了。

我的信心有點動搖。醫院的加護病房為家屬開設教育講座，說明插管只能放置一段時間，放置太久會有感染的危險，氣切是讓病人可以恢復正常生活的選項。聽到這些，我又開始擔憂，萬一發炎持續無法解決，難道我要選擇氣切嗎？雖然前幾天父親已經開始好轉，但目前肺部的發炎狀況沒有解決，必須施打許多抗生素，他的身體被注入一堆化學藥物，是否撐得下去？父親恐怕也無法接受氣切的安排，我內心又變得不安了。）

阿乙莎，我父親的情況雖然穩定下來，但發炎現象似乎無法進一步改善，他會好起來嗎？

你要持續量測他的能量，並給予足夠的光。你這次的學習很深刻，你父親會度過此次的危險，你不用過度擔憂。生命本來就是來體驗的，你和身旁所有的人都有個生命契約，這個契約在你出生前就已經擬定，當生命體驗終結時，你們會來到生命的審查——以往你們稱之爲審判日，與其說是審判，不如說是結算。

結算什麼？

結算你所有靈魂契約的達成度。你和自己的父親、母親、兄弟姊妹、另一半都有最直接的契約關係，你與對方的靈魂契約詳細列著讓自己心滿意足的指標，對你們雙方來說，滿意指標意味著願意釋放多少能量給對方存在你身上的靈魂契約。

我聽不懂。

你已經知道，你父親有百分之二十的靈魂意識需要靠你來完整，這百分之二十在你父親生命終結時，就是由你送還給他，讓他帶著你釋出的能量，去結算他此生與你的靈魂契約。你出生的時候，身上攜帶著與你父親的靈魂契約，假設初始值爲X，當你們此生的關係終結時，你釋放給他的靈魂契約能量，可能大於、等於或小於X。若將大於X的靈魂契約能量給你父親，可以幫助增長他的靈性數值；若將小於X的靈魂契約能量回饋給你父親，會減損他與你之間的靈魂契約初始設定值。

你們彼此都不能控制設定值，也不能設定如何給予，這一切都是能量自動流動的機制，你只能以意識去啓動結算。當你帶著圓滿、祝福、感謝、崇敬、心滿意足的意識面對這段關係的終結，就能給予對方大於初始設定值的能量；若是沒有情緒上的波動，給對方的能量就會等於原始契約設定值；如果你攜帶著怨恨、懊悔、憤怒、慚愧、內疚、自責、埋怨，就會減損對方與你的原始契約設定值。這些來自你與生命關係人之間的情緒振動，將做最終的結算，這也是你們雙方對這段關係的共同貢獻。

阿乙莎，祢看見我現在心中的憂慮了。祢是希望我用平和的心情祝福我父親，而不是抱著爲他擔憂或不捨的心情，這樣對他一點幫助都沒有，等於是在減損他與我之間的靈魂契約初始設定值。我明白了！原來，死亡是此世生命的終結，也是雙方關係契約的結算，我給我父親什麼樣的振動頻率，他就會帶著同樣的共振回到帷幕那端。

祢讓我更清楚地看見，實際上，我傷心和懊悔的不是父親生命的終結，而是在我與父親的關係中，我自己內在有尚未滿足的部分，卻即將失去圓滿這段關係的機會。我們自身的情緒反應在關係結束的同時，也會將這個結果送還給對方。生命的靈魂契約由創造此生的關係開始，也由關係的另一方決定了我們此生的成績單。而事實是，人花一輩子的努力去滿足自己的欲望和成就，在這過程中，也要做到讓所有與我有關的人在我離去時，都能感到心滿意足！

和細菌溝通

插管第九日

（一早前往醫院之前，再次透過能量偵測感知到父親的肺部能量又縮小了，我內心明白，發炎狀態仍在持續。我已經不想再去問阿乙莎要怎麼辦了，我不禁開始懷疑自己，我對父親身體的要求是否太過分？他畢竟已經是九十五歲的人了，我現在應該讓父親奮力一搏，還是如他之前在帷幕那端所言，順從他，讓他以比較舒服的方式離開？

就在此時，我接到好友 S 姊的電話。她算是多年的修行人，也懂得氣功，我很感謝她在父親生病的這幾天，雖然人在國外，也用自己的修行法持續遠距補氣給父親。S 姊跟我說，她看見父親的肺部有一坨黑色的能量，看不清楚是什麼。我回答她，那是父親肺部的細菌叢，目前仍然查不出是什麼細菌，所以發炎呈現膠著狀態，無法進一步改善。

S 姊說：「你可以試試進入他的肺部去找尋細菌。」

咦，用我的意識去搜尋細菌？對啊！我怎麼沒想到？既然可以進入晶體去跟父親對話，我應該也可以進入晶體，和父親身上的細菌溝通啊！

我開始用意識進入自己的晶體，並連結到我父親，果真讓我看見一坨黑色的能量，然而這坨能量卻似曾相識。這是一股連結著我和父親許多世的緣分，那一世，父親曾是我的兒子，因為摔傷而結束生命，提早離開我時，我們之間產生再次連結和體驗的生命意圖。這個生命意圖就像一顆種子般進入我父親的靈魂意識，並在他這一世再度引爆。

我看見最早的引爆點來自我父親年輕時，因國共內戰，他從大陸撤退來臺灣，必須離開他的母親，就在當時，他內在不願意離開母親的業力種子啓動了。現在看起來，這就像是同樣的劇情重新上演，我父親此世再次經歷提早離開自己的母親這種事。而這個讓我父親悲傷的心結再次深埋在他的身體裡七十多年，一直躲在肺裡。

直到今年過年前，因為我試圖讓他明白我已經有自己的家庭要照顧，不能處處以他為主，而刻意疏遠他，結果又讓他感受到自己即將失去最愛的親人，那個深埋在他肺部七十多年的悲傷情緒——更精確地說，這是我與他之間創造此次生命意圖的業力種子——再度引爆。

我在晶體中看見父親身上這股黑色能量的全貌，而就在被我的意識照見和理解的當下，這股黑色能量就像被光照射一般，漸漸轉化，呈現出紅色。於是我才明白，躲藏在我和父親之間的業力種子此時此刻正全然被愛圍繞，這股業力已經完成此次生命愛的體驗了。

離開晶體後，我再次用雙手量測父親肺部的能量，居然明顯地擴展開了。我不知道這次的擴展是否可以持續，但我很清楚自己已經不再恐懼了。）

插管第十日

（今天早上再次量測父親的肺部能量，發現維持昨日的飽滿狀態，沒有再塌陷下去。不論是抗生素對峙細菌終於成功，或是因為昨日和細菌的溝通，我都好感謝！我相信那股黑色能量已經散去。

到達醫院，加護病房的醫護人員告訴我，雖然仍未查出細菌，但父親的發炎指數明顯下降，全身的水腫現象也逐漸消退。）

阿乙莎，請問我父親的肺炎查不出細菌，是否有別的原因？

是的，最主要的原因你已經知道了，是深植在你父親肺部的情緒創傷復發。這個復發的情緒是爲了讓你對生命有更深入的理解，同時也是爲了讓你父親以更完整的靈魂回到源頭的家而鋪陳。

你父親這一次的學習也因爲你的協助，讓他即使再次經歷與自己的母親分離，還是有機會從與你的關係中得到理解，並找回愛的連結。愛從不會因爲時空的分離、肉體的消逝而失去，你父親的內在意識設定要與母親建立永恆的連結，結果卻一再經歷失去母親的體驗，但其實每一次的失去，都在幫助他深化與愛的連結。這是每個生命內在本有的光，但他需要用這種方式再次獲得愛的體驗。

意識轉化後的奇蹟

阿乙莎，我之前用光的療癒幫助父親，卻沒有辦法完全驅動細菌離開，是什麼原因？

你之前只是在乙太體的層次幫助淨化你父親的身體能量並提升振動，但這股能量將他的身體環境沖刷一遍只是清除了雜質，那些細菌叢尚未改變運行軌跡；若要讓細菌重新與身體和諧運行，就必須進入星光體去療癒。深入你父親的靈性層次，讓細胞的源頭初始記憶能夠改寫；若沒有改寫這些細菌叢的認知，它們仍然會照原來的軌道運行。

當你為父親施予光的療癒時，雖產生一股更高的能量流挹注於你父親的身體，調整他身體的環境場域，使之能量暢通，但這些頑強的細菌叢就像攜帶著自己的GPS般，經過能量沖刷後會再次匯集，聚合進入原來的路徑。要改寫細胞記憶，必須喚起這些細胞的初始設定。看見當初設定的理由不復存在時，這些細胞就能被注入新的指令，等於重設了它們的GPS路徑，自動走向新的目的地。

所以，重新設定細胞的路徑之前，我必須先明白當初這些細菌叢誕生的理由，是嗎？

當然，你身體所有的細胞都是為了支持你的意識而存在，包含與你共生的細菌叢也有它們存在的理由。「你如何想，就如何創造自己的實相」，這句話也適用於你自己的生命載具。

我明白了，經祢這麼說，人是有可能長生不老，可以活得非常健康，一直到離開自己的身體。

是的！這就需要不間斷地覺察自身與環境是否處於平衡狀態，以及隨時重設自己的意識，使之與環境和諧共存，才可以做到。

祢可以教我要如何讓身體與環境維持永恆的平衡嗎？

要在地球上做到這一點並不容易，我可以跟你分享。

你只要能夠以意識契入源頭，就容易多了。在宇宙的源頭這端，萬物處於互相連結、平衡共生的和諧狀態，當你攜帶著來自地球的低頻振動一路回溯到源頭時，等於是在地球上與數億年前地球的時間軸展開對話；你用自己的意識光譜連結進入源頭光的世界，進行校準。

比方說，你目前在地球上感覺生命力耗弱，需要立即補給能量時，就透過自己的意識穿越地球次元，連結你細胞DNA的微宇宙。這個微宇宙你的肉眼看不見，它就存在你身體細胞內。你的細胞擁有其意識，你透過連結自己整體的更高意識，與身體細胞的微宇宙意識溝通。

溝通方式就是將你期待的結果或新的轉變，以自己的意識注入。當兩端宇宙串連起來時，更大的宇宙版本就產生連動，直接影響你身上微宇宙的運行軌道，進而幫助你，將你期待的實相顯化在自己的身體上。

所以，想要讓自己的身體意識載具隨時校準源頭，並與環境取得平衡，意識就必須不斷與光的世界校準。你目前使用的手指操就可以幫助身體細胞與光的世界同步校準，讓身體雖處於混亂艱困的環境，還是可以保持平衡和諧的狀態。

祢說得這麼簡單，爲何生病的人愈來愈多？

人類忽視自身擁有超越物質身體的靈性意識能量這件事已經很久了，是時候喚起大家找回自己的自癒能力了。

所以，這次我父親的急性肺炎之所以會發生，根本原因就是身體與環境不平衡所造成。這個不平衡來自我父親的細胞僵固在原有的生活情境中不願意改變，而環境本來就因著周圍人事物的成長與變遷不斷變化，當人的內心產生抗拒或恐懼改變時，就給了存在環境或身體中的細菌力量。這些細菌的力量來自哪裡？

不論是寄生在環境或身體中的細菌，都是宇宙中的黑色力量。這股力量可以吸收無法與環境和諧共存的粒子，當游離的粒子愈多，黑色能量就如同被加持一般，逐漸放大其能量和影響力，大到足以吞噬白色能量的流動。這是生命體的自體平衡機制，也是宇宙的平衡法則。身體就是一個小宇宙，你現在是否更明白了？

嗯！但是，我父親剛插管前幾天，祢跟我說生命是永恆的，那麼，追求生命的長短似乎沒有什麼意義了。

當人類生物體的存續可以延長到一百歲以上時，地球的文明就能跨越進入第五次元，與第五次元的生命共存，你們的醫療及生命體驗將進入新的文明階段。

阿乙莎，我可以想像祢說的美好景象，但現在更要緊的，是給已經病危的生命一個意識轉化的方法，好嗎？

可以的，你現在就寫下來吧！

練習：幫助病患轉化意識

1. 進入患者的更高意識中（可以經由阿卡西紀錄的路徑進入）。
2. 找出目前凝聚的黑色能量的中心點位置。

3. 進入這股黑色的能量團中，感知它產生的源頭認知系統與目前所處的環境有哪裡不平衡，然後去調整患者目前的認知系統或環境，重新設定這股來自這個病患的源頭意識結構組成。
4. 嘗試與黑色能量團對話，讓這股能量可以連結到愛與寬恕的能量振動，直到眼前的黑色能量出現新的光譜。
5. 感謝細胞意識的慈悲和勇氣，願意調整出新的振動頻率，協助患者重啓平衡的生命系統。
6. 將你與黑色能量的對話內容和結論記錄下來，並送給患者。

同步釋放關係業力

插管第十一日

謝謝阿乙莎！釋放我父親肺部的暗黑能量之後，我自己的肺也像洩了氣的皮球，像是某種能量釋放，讓我感到非常放鬆，父親與我之間繃緊的繫帶好像鬆開了。

嗯！親愛的孩子，你即將展開新的階段，為了所有地球人類的福祉而行動。在此之前，你將調整到最佳的能量流動狀態，包括困擾你生活的能量枷鎖、你所有關係的能量連結都會因你而展開清理和淨化，為的是讓你可以處在全然臨在和穩定的狀態。你們宗教的修行人是透過出家剃度等儀式，讓自己重新整理，然後開始投入利益眾生的工作；你和他們雖然採取不同的形式投入，仍須為自身的能量連結降低干擾，所以必須清理能量臍帶關係。

而這一切並不是突然發生或隨機事件，所有的發生都是因緣具足的結果。目前你內在已經準備調整自己，這個過程就會連帶讓你周圍的能量產生變化。這些變化會在你最親近的人身上顯化，你會發現他們突然無法適應你的改變，你周遭也漸漸出現不同以往的人事物，一些固著的能量會從你身上轉變，有些變得更親密，有些變得疏離。

你父親這次生病就是讓連結在你身上的繫帶鬆綁，不代表你會立即失去你的父親，不是的，而是要建立一段更平衡、無牽絆的關係。你父親是你此生最親近的家人，他會感受到你近來明顯的變化而產生不安的情緒，因而對你有所不滿。另外，他無法改變和控制你周遭環境的變化，也因此，他身上的平衡系統會出現暫時失衡的現象。他年紀大了，身心無法快速適應環境的變化，而出現疾病的徵兆，你們遍查不出引發他這次急性肺炎的細菌，其實這是身體平衡系統重整過程引發菌叢自我保護的現象。要讓你父親的身體恢復平衡，並不是要你回復你們之前的生活習性和環境，他的身體經由這次的能量轉換，自然會誕生新的平衡系統，他也會因為這次生病，更能放下對死亡的恐懼，你不用過度擔憂。

同樣地，你啓動的轉變影響的不只是你父親，還包含你的先生。他是你最有力的後盾，但在他自身的業力尚未清理前，你無法得到他的全力支持，時不時會被他的業力掣肘，無法盡情發揮。此外，你投資的事業中最讓你掛心的資產會被優先處分，這一切的鋪陳不是我們在搞小動作，而是你自身的能量擴展後的自然轉化。

這是你自己啓動宇宙源頭的能量，帶領你進入新軌道的過程。你在實相界看到的一切才剛發生，這是宇宙能量流動的結果，但改變早已展開，你只是「眼見爲憑」地認爲現在才開始。其實，這一切早已開始了，早在你投生到地球時就已經設定要展開這股能量流。現在是讓你的靈魂躍升的時刻，不用擔憂目前你眼中所見的每一段關係的變化，這些都是爲了你展開的，當你將愛和祝福給予身邊所有配合你擴展的人事物時，會更快速地幫助你身旁的每個人同步躍升。

插管第十二日

（醫護人員說，父親更穩定了，發炎現象持續好轉，再觀察兩天就可以準備拔管了。

昨天下午，仲介通知我有人要來看我之前一直想賣掉、卻乏人問津的物業。那棟房子的出售訊息已經刊登超過兩年，但因為父親住院，我現在更是沒有心思處理，便連絡房客讓仲介直接帶買方去看。結果前後不到一小時，買方一下飛機就過來看屋，馬上做出決定，我匆匆地趕去簽約，完成這個交易。我到現在還不敢置信，居然半天的時間就把那棟房子賣掉了。之前我身旁讓我擔憂的所有停滯能量，正在快速重新校準中。

我先生跟我說，他連續幾天做夢，都是奇怪的夢境，夢中的劇情似乎在提醒他，是時候放下一直不想放棄的堅持了。結婚十八年多，他是我看過最不會做夢的人，而連續兩天的夢境，似乎都在幫助他看見自己認知上的盲點。

第一天他夢到自己準備考試，這個考試是要將測驗卷寫完，然後寄出去。沒想到，他嘔心瀝血寫完試卷，準備在截止日前寄出去時，突然找不到規定的信封，讓他前功盡棄，非常懊惱。

第二天，他夢到自己搭上一輛公車，車上有一群流氓，他是唯一的乘客。結果，流氓開槍打死司機，他坐在車上沒有逃跑，流氓殺死司機後，回頭掃射他的太陽神經叢，他也死了。

接連兩天的夢境讓他看見，自己一直不肯放棄、一直堅持，背後真實的原因是害怕失去——他害怕失去自己累積的成果，即使堅持下去也不會有結果。但是，他看見自己捨不得已經付出的部分，而不願意輕易放下。緊接著，第二天的夢境就讓他看見，自己之所以無法輕易放下之前累積的成果，真正的原因是害怕未來——不確定會發生什麼之前，他寧願不採取行動。所以，他終於看見並承認自己是個不敢爭取自身權益、行動力薄弱的人。

聽見我先生從夢境自我剖析得到的結論，我大感驚訝。這就是我一直以來認為的他，但我不知道他內在的恐懼和不安會以夢境的方式呈現，讓他獲得全然的理解。我不禁想起阿乙莎昨天才跟我說的，我們自身的能量擴展後，身旁的關係也會隨著我們的能量流動自然轉化。當我們將愛和祝福給予身邊所有配合我們擴展的人事物時，會幫助身旁的人同步躍升。）

靈魂約定共同來完整愛的體驗

插管第十四日

（父親終於順利拔管，轉入一般病房，可以說話了。他一開口就問我，他進榮總多久了？父親渾然不知自己是從桃園轉院過來的，在桃園的前三天記憶完全空白。我想也是，當時他已經站在帷幕那頭，等著我送給他百分之二十的意識哩！）

阿乙莎，我現在終於可以喘口氣。回想當初我父親剛插管時，祢要我去晶體和父親對話，當時我父親要我成全，將百分之二十的意識送還給他，這是什麼意思？我感覺這是靈魂契約的精心策畫，透過關係，在生命終結時結算出另一種意義。祢可以幫助我理解這個宇宙的生命契約邏輯嗎？

你終於鬆一口氣，可以回頭來探索：生命的完整體驗就在關係的圓滿裡，你們生生世世地來完整彼此的靈魂道路。之前我和你提過，你們彼此身上都擁有共同的集體意識，而你父母生下你的同時，在你身上也留存了一部分的靈魂意識片段。你們在肉體上是彼此分離的個體，但在靈魂層面則擁有共同的意識片段。包含你身體中的小我意識得到的獨立體驗，也包含你父母的意識片段，都存在你的生命體中繼續滋養著他們的靈魂意識，只是你在個體的意識中沒有辨認出自己仍存在一部分的意識，是來自你的關係。

所以，當一個人的靈魂意識即將離開他的生物體時，他會從自己與他的關係人身上獲得此生的總結——一部分來自他個人體驗的視角，另有一部分則會來自他的關係人與他此生這段關係中的體驗結果。

也因此，你一生的體驗不僅止於從你自己的視角，還有與你此生相關的所有人的印記集合出的、屬於你的完整意識。你將帶著你和關係人共同創造的專屬於你的完整生命體驗結果回到源頭，你們彼此之間的所有體驗產生的振動，都將在你的靈魂離去的瞬間，統一收集在你的靈魂晶體中。你會明白，你是創造所有體驗的源頭，你就是造物者。

現在，重新用你的小我意識去理解，你不願意放手讓父親離開，背後眞實的原因是你和父親之間有誤解，你們之間的愛的能量無法流動。你就是因此而不願在此時放手，因爲你自己尙未在這段關係中圓滿愛的體驗。這是靈魂在地球上體驗會出現的眞實景象：創造出每一個分離的意識，又試圖在與自己看似分離的關係中體驗並找回愛的能量。

你們是自己此次生命的導演，早已經協議好要用什麼樣的關係結構來體驗愛。你的父親此生也安排了許多靈魂片段在他的父母、子女、兄弟姊妹和夫妻關係中，你們各自與他之間的關係體驗，也成就了他此生的成績單——你的父親跟你說有百分之二十需要你來補足，就是這個道理，他還有百分之八十在其他的關係中。

你們以什麼樣的心的振動來面對關係的結束，就會成為這段關係最終的結果。當你們彼此感到心滿意足時，就會圓滿此次愛的體驗；若你們彼此帶著愛的匱乏和缺憾，就會產生愛的缺口。在關係中若無法讓愛流動，空留悔恨、埋怨和遺憾，會讓彼此的靈魂攜帶不完整的體驗回到源頭。你們的靈魂生生世世不斷地在關係中，協助彼此完整對愛的體驗。

阿乙莎，我明白了，我還需要滿足自己與父親之間的愛，這是我非常樂意去完成的功課。但是我想問，對於仇人或傷害了我的人，我無法去愛和原諒怎麼辦？

很好的問題。這其實是你內在潛藏的負面印記，不論這個負面的根源是來自批判、暴力或任何負面種子，這些種子的根源卻透過你與這些你無法去愛和原諒的人之間的關係，讓你於此生再次學習和穿越。人類所處的二元對立世界中，所有的衝突就是這樣產生的，那些你們認為的不合理、不正確、不應該，就是源自你們自己身上攜帶的負面印記種子，它們透過關係，拉扯出你需要再度面對的愛的極致體驗。

當你超越二元對立的是與非、應該與不應該，拉升自己的意識去看見對方的世界時，會發現他們爲了讓你突破內在意識的黑暗陷阱，而願意讓自己陷在黑暗的角落，如此稱職地扮演你痛恨的角色，就只爲了讓你此生有機會穿越黑暗，進入光明的境界。他們願意成爲你所遇見最惡劣的負面引導者，你是否看見他們更高意識中無私的愛，看見他們爲了成全你而存在？

你無法在二元世界裡原諒他們，但你可以拉高自己的意識維度，認出他們在更高意識帷幕那端出於良善的企圖。你遭受如此不合理的對待還可以回到愛中，這是特別爲你精心規畫、激發和擴展你內在愛的能量的方式。你終於可以允許自己的愛更無條件，沒有任何理由地流向黑暗。再給自己一個試煉的機會，讓愛流向你不認同的一方吧！

我明白了！原來這些負面情緒背後，也依然有愛的理由！

重拾愛的能量

我父親終於平安出院回家了，這一個月期間，我經歷了生死的考驗。

阿乙莎，當初祢要我放手，讓我父親完整地離去，是眞的嗎？我父親這次面臨生死交關的事件，是祢特意安排的嗎？

先恭喜你完成生命的另一次體驗，你父親用他的生命給予你最大的教導就在此。他讓你體會到什麼？你先說一遍，我再來和你校準。

好吧！我來整理一下這一個月來紛亂的思緒。

首先，我學習到生命都是來經歷和學習的。

我們身邊的人事物和一切的關係，就是我們生命的考題，通過了，我們會從對方的認同中獲取積分，那些積分會以結晶體的形式鑲刻在我們的靈魂晶體結構中。若我們能在每一次的生命體驗中圓滿彼此的關係，就可以從對方那裡獲取愛的結晶，充實自己的晶體結構。理解了這一點，我才明白此生不僅是「我」如何看待對方，同時也要滿足「對方」如何看待我，是雙向的。當我無法給對方機會去圓滿他和我之間的關係時，我同樣得不到對方給我的祝福，也就無法從與對方的關係中得到愛的結晶。

此生是由我所有的關係來成全我，也因爲有他們，我才能完整自身愛的體驗，結出漂亮的生命靈魂晶體。若無法獲得對方的認同，即使坐擁金山銀山、贏得天下版圖，我此次生命的結晶也不一定會增加。

第二，我學習到生命必須隨著環境的變遷而轉動。若環境已然改變，我還不變，身體的細菌就會群起攻擊——攻擊的對象不是外人，而是宿主，我自己。環境變動是由其中所有生命的意識投射出來的，看見環境改變，若產生對抗心理或堅持不爲所動，我們會失去校準自身細胞意識的能量。這些細胞意識也包含寄生在我們身上的細菌叢，這些細菌會感受到環境的改變而產生不安，進而爆發爲身體上的病灶。

第三，細菌可以溝通。除了仰賴專業醫療和藥物，若我們可以讓細菌理解並配合環境改變其意識，就能讓細胞與周邊環境能量融合，使身體重新恢復平衡，回復健康。這整個與細胞溝通的路徑，就只是要我們有意識地進入內在宇宙，和細胞溝通，就能達到效果。

第四，靈魂有自主權，可以隨時決定離開身體。我父親對剛插管的前三天完全沒有記憶，那幾天，他的靈魂意識已經決定離開身體，卻因他願意成全我和家人「完整與他之間的愛的體驗」這個需求而回來。至於這些離去的意識在哪裡，我現在也不清楚，我相信這些意識回到父親身上，對他的復原也會有幫助。

以上就是我對我父親這次生死體驗的心得。

嗯！大致上都有到達新的理解，但你忽略了最重要的一點，也是此次事件最關鍵的學習。

咦，還有哪一點我沒提到？

你沒有提到**生命在生死幻滅之間，就只存在著愛的能量**。你出生是因爲愛，你經歷死亡也會再次遇見愛。即使你們已經遺忘了生命中最根本的能量，但在死亡的瞬間，你們仍會重拾並見證愛的能量。愛就是生命的泉源，在生死中你們會體驗到愛，沒有任何藥物、細菌、名利和權勢可以阻擋生命回到最初始愛的能量流動裡。

你在此生所有關係中的體驗，也都是爲了表達愛而存在。若你與父親之間沒有愛的能量，你們的關係不可能存在；即使是細菌，也是爲了彰顯你生命中的愛而寄生於你。

細菌爲愛寄生？我不懂？

細菌是愛的守門員，當你失去與愛的連結，細菌就會出來防禦你的身體。它們的防守方式就是攻擊你的正常細胞，讓細胞在死亡中激發並釋出愛的能量。而新細胞誕生的過程，也可以再次體驗到愛的能量。

愛不是只存在新生，也存在死亡裡；**死亡對你們來說是生命的結束，但對永恆生命來說，死亡正是讓愛的能量返回宇宙的再生過程**。

在你父親最危急的那一夜，你是否讓自己重啓與他之間的愛的能量流？

沒錯，我害怕那一晚會失去他，就在那個瞬間，我覺得我好愛他，我還沒有愛夠他。

是的！這次就讓你如實體驗，每個生命裡早已擁有源源不絕的愛的能量。

第十四章　走進死亡帷幕

（我帶著沉痛的心情寫下這一章，來紀念我的好朋友、好長官，Jack。

編按：本章皆為阿乙莎傳達的訊息。）

以不同的眼光看待死亡

阿乙莎，我的試煉還沒結束嗎？三個月前才跟 Jack 在 LINE 上約碰面的時間，今天就收到他在美國旅遊途中過世的噩耗。好好的一個人，就這樣走了，我感到非常難過與不捨。

這並非意外，是命中早已程序化的必然。你們以爲只有到老年身體衰竭時才需要有死亡的心理準備，那是因爲你們對死亡仍有根深柢固的恐懼，將死亡看成不美好的發生，認爲是令人傷心難過的情景。

當然難過啊！和自己的好朋友或相處一輩子的親人分離，是令人痛徹心扉的事情。爲何人們不應該畏懼死亡？

你忘了那第一個H粒子？爲什麼會分離出第二個H？

是爲了體驗愛，我當然記得。

如果你看見與你分離的每一個人都是自己，那麼當另一個你回到帷幕之外，你認爲他會在哪裡？

我不知道，他會去哪兒？

在你心裡！你去找找。

啊！對了，我應該可以連結逝去的人，我怎麼沒有想到？我現在去試試。

＊＊＊

我：Jack，是你嗎？

J：Rachel，對，是我。

我：你還好嗎？

J：不太好！我不忍心看見我的太太和孩子傷心難過。

我：他們當然會傷心，我也很難過啊！

J：你們其實眞的不要爲我哭泣。我跟你說，我出生以來，從沒有像此時此刻這般喜悅，沒有了那副沉重的身體，我舒服太多了。我們都被自己騙了，以爲死亡很恐怖，但你知道嗎？我一點痛苦的感覺都沒有，唯一的不捨是看見家人傷心難過，這會讓我很不忍心。我摯愛的太太和孩子，還有那麼多老朋友，謝謝你們給我的快樂時光，我已經非常滿足了。

告訴大家，死亡不痛苦，不要爲死亡哭泣，我們只有經歷死亡才能回家。這裡反而是我更熟悉的家。到了這邊我才明白，地球那裡是我給自己安排的一趟旅程，就像一小段夢境而已，我在這夢裡的經歷是我早已排定的劇情。現在走完回到這裡，我才知道是怎麼回事：我們不論生或死，都會一直存在，只是出生時，我們走進自己編織的夢裡；死亡後，就回到原本清醒的自己。

我在這裡一切都好，替我好好地跟我太太說，我謝謝她這一世的陪伴，我愛她，會一直守護著她和孩子。請她不要太常生氣，也不要太苛求完美，她是我見過最聰明又有才華的女人，我很幸運這輩子能有她作爲伴侶。

還有，我要對兒子說，老爸在你最需要我的陪伴時缺席，很抱歉，你成長的過程辛苦了，也吃盡苦頭。不論未來你如何發展，我相信以你的善良和認眞，一定可以做得很好。

還有我優秀的寶貝女兒，你將我和你媽的所有優點集於一身，一定可以在事業上大展身手，創造輝煌的成果，但請你務必好好照顧自己的身體。要兼顧事業和家庭不容易，你爸選擇了前者，就忽略了家庭，也無法參與孩子的成長，這是我的遺憾，希望你可以盡量在工作之餘多陪伴家人和我未來的孫子。

好啦！Rachel，不好意思，又占用你那麼多精神來幫我傳話、寫信。

我：不會的，Jack。你是最棒的長官，也是大家的榜樣，我會永遠懷念你的。

J：你的書沒有問題，我之前看不懂，以為是你胡思亂想的，現在才知道，你那書上寫的是真的。我們一直都存在，即使我離開自己的身體和熟悉的環境，我還是隨時可以連結上你們，也可以到處旅遊，現在已經可以搭乘免費的頭等艙了。

我：Jack，你那邊有天堂和地獄嗎？你離開身體時，有看見上帝或任何其他的存在嗎？

J：沒有那麼複雜，我就是意識還在，只不過這個意識目前可以隨處行動。其實，在死亡後的帷幕這端，有非常多活躍的意識存在，不只是人類，還有看起來像古代人的、動物、植物、野獸，也有外星種族。我們可以用意識直接溝通，只是看不見具體的形體而已。現在回頭來看，作為地球人具備身體，是特別安排的意識體驗，我只能說，還好我離開的那一瞬間沒有太多恐懼，只感覺到自己的靈魂從心臟停止的瞬間脫離身體，進入非常柔和慈悲的白光中。這裡沒有具體身形的人，但我有種平靜和喜悅的感受。現在我可以隨時移動到任何我想去體驗的下一站，但我還沒有決定要去哪裡。我想多陪陪自己的家人一陣子，看見他們恢復平靜之後再決定。

我：Jack，謝謝你聽見我的召喚，還跟我說明這麼多。你離開時沒有太多痛苦讓我很欣慰，我先祝福你找到更好玩的下一站，先幫我們探勘一下好景點，以後還需要你的指引呢！

J：沒問題，謝謝你，Rachel！

＊＊＊

阿乙莎，我剛才和 Jack 溝通，沒有感受到他有任何痛苦的情緒，他只關心自己的家人，希望他們盡快回到平靜的生活。

是的，這是大部分人死亡後的狀態：他們進入光中，回到愛與喜悅的帷幕另一端。人類因恐懼死亡而創造出許多宗教和神話，事實上，死亡是意識跨入不同的維度空間，就像你們也常常在睡夢中跨越宇宙時空旅遊一樣。死亡後，你們可以決定再回到地球體驗，也可以進入不同的場域去體驗。這麼簡單的跨越維度空間的轉換，被人類的恐懼放大成每個人一生的枷鎖；也因爲害怕死亡，人類創造出許多圍繞著恐懼而生的文明垃圾。你現在回頭想想，目前人類定義的文明，是眞正能夠服務人類，讓人活出喜悅與幸福的文明，或者只是假防範恐懼之名的創造？

阿乙莎，如何用不同的眼光看待死亡？請給我一個方便法門或想法，好讓人類清醒，遠離死亡的恐懼。

「用愛去生活，直到最後一刻！」愛可以爲你們點亮進入死亡帷幕前的黑暗。

第十五章　活出有限生命裡的無限

（編按：本章皆為阿乙莎傳達的訊息。）

脫離小我模式，展開真實生命之旅

人死後究竟去了哪裡？人是否可以自己決定或安排死後的歸屬？這是你們千古以來百思不得其解的一個問題，也是你們窮極一生追求延長壽命的原因。因爲你們活著的時候無法看見死後的世界，也因爲對未知抱持著恐懼，讓你們永遠無法直視死亡的議題，你們的宗教因此利用死亡這個禁忌話題，掌握人們的思想和行動。

你去回想和觀察一下，其實你們身邊無時無刻不存在著死亡：你們採摘下來吃進肚子裡的蔬果、食用的動物和魚類，不就是被人類剝奪了生存權而死亡？你們身體裡每一分鐘都在代謝千萬個細胞組織，這些細胞也是邁向死亡。然而，你們卻不會因爲動植物和自己身上細胞的死亡感到恐懼。**面對死亡，你擔憂的並不是生命的失去，而是不知道自己死後要前往哪裡，因此感受到莫名的恐懼。**若你能清楚知道自己結束此次生命後可以進入哪個世界、過什麼樣的生活、和哪些人見面，你還會擔憂自己的死去嗎？

嗯！若是知道要前往哪裡，我當然不會再恐懼，但我仍會擔心自己活著的親人是否會因爲失去我而過得不好，這會是我唯一的擔憂。另外，因爲看見許多人生病時在病床上的痛苦與折磨，才會讓人無法接受自己即將死亡。我們只會歡慶新生命的降臨，面對死亡，人們總是哭泣。

人在死亡的那一剎那是喜悅的，離開身體的瞬間，靈魂意識就踏上進入內在宇宙的旅程了。當一個人的身體漸漸失去功能，最後讓身體停止運行的是你們的松果體，而不是心臟。醫生用心臟停止跳動來判定死亡，是因爲身體將無法再透過血液傳送氧氣到全身的細胞，但事實上，當你們的松果體關閉時，就能讓意識完全脫離身體。松果體的啓動或關閉並不是倚靠你們的生物體機制，而是由你們的靈魂主宰，這個靈魂的意識組成包含你的小我個體意識，也包含你更高的靈魂意識。這個組成的意識體是以磁引力振動的方式存在你松果體的位置，松果體有個對外的連結，可以將靈魂的振動頻率傳送到你頭頂上方六吋的晶體中。你的晶體是靈魂前往死後世界的裝置，你也可以將其視爲航向宇宙的個人太空船。當你的意識進入晶體太空船中，就代表你已經在地球上死亡，雖然此時你的生物體可能還在運轉。

這麼說，我現在和祢在溝通，在地球上也算是死了？

沒有錯！只是你們人類習慣「眼見為憑」，以為看見你仍在書桌前寫字就是活著。死亡，只代表你們不再以生物體的形式對外連結，但你仍可以有意識地活著。

那麼，我要如何控制離開身體前往下一站、進入另一個身體的階段？

這就需要你們這一輩子去追尋和完成。這才是每個生命來到這個世界的意義。

我大概懂，只是，大多數人好像還沒好好活著就死去了。我們自出生以來並沒有完整學習到這一點，沒有用一輩子的學習來活出死後的生命。

這才是生命來到地球體驗最初始的用意。你們在此的體驗是為了成就和完成意識離開你們身體後的世界景象，你們只是忘記了當初在帷幕那一端的期盼和承諾。

死亡從來不是生命的終點站，而是你帶著此生的成果和經歷回到源頭，與我們再次融合的必要過程。每個生命都已經和自己的更高意識訂下盟約，只有回來與自己內在的更高意識合一時，你們才能定義此生；也就是說，你的松果體尚未甦醒前，你只是具生物機器人，可以維持生存狀態，但並沒有活出此生的生命軌道。

要展開真實的生命之旅，須經過一次死亡的旅程。**這個死亡的旅程指的不是你的生物體死去，而是你的靈魂跳脫原有的小我模式，進入更高意識的靈魂晶體中，重現自己的生命藍圖之路。**

如何使松果體甦醒，好讓我們展開眞實的生命之旅？

松果體是位於你們腦神經中樞的一個訊號轉換盒，你可以這樣看待松果體在人類身體裡扮演的角色：在腦中接收超越物質身體所能接收的訊號，並將訊號轉換成你們大腦可以翻譯和理解的語言。

過去人類並沒有特別注意到松果體，也沒有保護這個區域的細胞，讓它們維持活性。其實，松果體並沒有所謂需要去啓動或活化——在你們的成長過程中，腦細胞努力地探索和學習，已經被鍛鍊得過度活躍，所以身體系統就會自動壓抑松果體的能力，讓大腦可以專注在學習和鍛鍊；當你們的大腦停止喋喋不休、停止爲了生存而不斷展現自我主張時，松果體就可以回復初始的狀態，重新調整成可以幫助身體獲得超越身體細胞所能接收的訊息。

你們所謂的啓動或活化松果體，是一種用來傳達松果體重要性的說法，但在實際操作上，不需要依賴特別的藥物或儀式去啓動松果體，它原本就在。你們只要安靜下來，讓意識回到自己身上，就自然而然能夠透過松果體接收到來自更高意識場的訊息，將其帶回自己的大腦翻譯。你們的身體細胞也會啓動自動導航，和松果體連結，取得更精準的生命導航和協作機制。

當大腦進入休息狀態，身體就會站上主導位置，幫助自己維持生命能量。你可以在一些腦死病人身上看見身體康復和痊癒的奇蹟，那是身體細胞經由松果體發號施令後的自然展現。

現在人類進入揚升階段，必須超越小我意識，連結內在宇宙，所以需要讓松果體恢復原本的功能。你們只要學習靜心，**回到大腦不干預的安定寧靜狀態，就能輕鬆地讓松果體回復功能。**

不過，仍有許多人是經由某種藥物或啓動儀式才打開第三眼，恢復松果體功能，那又是怎麼回事？

人類從不敢想像自己可以看見眼睛看不見的東西、聽見耳朵聽不見的音頻，那是因爲你們被自己的大腦馴服了，而經由外在的刺激或儀式的引導，你們將自己交付給信任的導師或第三者。這些過程和象徵儀式，是你們對自己重設一個「允許」超越自身大腦能力和原有身體框架的指令——你們願意讓自己穿越大腦的幻象，並願意去回應那些經由松果體接收到、非你們的線性大腦所能理解的訊息。至於那些導師或儀式都是來輔助你，讓你願意「允許」自己去超越自己的媒介。

爲什麼有些人一輩子都無法醒來，他們的松果體怎麼了？

你慢慢切入重點了。松果體既然存在每一個人的身體裡，爲何有些人的松果體可以順利啓動，有些人的松果體此生都無法開啓？那和你們靈魂最初始的設定有關，你們無法用外在的力量讓松果體啓動。靈魂有自己的設定，當你的靈魂意識計算出你的生物體在地球的時間軸上已經到達原先設定的開啓時間，你頭頂上方的晶體就會自動展開，啓動你腦內的松果體，那是已經配對好的。

那麼，爲何外面有許多通靈人士說自己的松果體是被某個導師開啓的？

你會發現那些指導者只是觸媒，眞正讓你們內在松果體開啓的，是你們的更高意識自我設定的程序，只是你們處在物質世界，無法相信自己可以自動開啓。那些課程或老師讓你相信你已經透過儀式開啓第三眼，但其實他們只是觸發你相信自己已經開啓松果體的一個理由；也就是說，你只是需要這個點化或儀式，讓自己相信罷了。

我理解了。所以，二〇一七年底我參加阿卡西紀錄的課程時連結到祢，我以爲是被打開一個連結的通道，但實際上，是我的靈魂晶體早已設定了開啓我松果體的時間，只是我需要依靠外界的老師或教導，來讓自己相信我已經可以連結了。

是的，要是時間未到，你也不會去參加那個課程。上課的第一天，你的導師是否有跟你說，你們都是準備好的人，才會去上課的？

祢現在讓我覺得自己多此一舉。

沒有經過自我確認的過程，你們不會相信自己。這就是你們的小我最擅長的迴避高我的伎倆。

松果體的開啓是由你所有意識組成的靈性片段所掌控，在你們此世的生命設定中，沒有開啓只是代表時間未到，你們仍需要累積更多的體驗和學習而已。這一世沒有連結，下一次還有機會。

話說回來，祢剛才說我們的松果體開啓後和靈魂意識連結，是生命的重生，但以肉體來說，我們等同死亡一次，是嗎？

不完全對，更精確的說法是，當你的身體經由松果體的開啓連結上更高的靈魂意識時，你們的生命會展開自動駕駛模式，類似啓動你生命的自動導航系統。這時，你的身體和小我意識從主導你的生命，變成輔助角色，幫助你的更高意識完成在地球上的任務。此時的你會臣服於更高意識的帶領，讓你的生命走向重生之路，在有限的生物身體中爲永恆的靈魂生命展開新的道路。所以，你的小我和目前的身體將被升級，設定成可以和自己更高的靈魂意識共同搭載協作。這個升級後的新版本重新設定過去的你，讓新的你可以誕生。

經祢這麼描述，我突然覺得地球上即使有七十七億人口，但事實上，地球上的人已經活在平行世界裡，有些人已經啓動升級模式，活在我們肉眼不可見的意識場中，有些人仍舊活在小我和身體掌控的生存模式裡。地球在混亂中會自動再次分離出兩個世界，一個由更高意識帶領，另一個則是我們常在新聞媒體上看見的混亂景象。

這是自二〇一二年起出現的現象。過去只有少數人能夠開啓靈魂意識的連結，現在因爲地球揚升的需要，已經有許多人攜帶著宇宙意識的靈魂，誕生於地球，時間一到，這些靈魂晶體會自動展開原訂計畫，讓人甦醒。

而當你們能夠成功連結自身靈魂晶體，開啓與內在宇宙連結的通道時，更需要來幫助穩定地球磁場。這就是我們此時必須在各地設置光場的原因。想要將來自宇宙源頭的能量投注在地球上，你們每一個開啓靈魂意識的人都是重要的傳輸通道。你們連結而成的光，可以幫助周圍的環境和人錨定宇宙源頭。

當你能夠理解松果體的開啓使你們得以連結自己內在的源頭，進入永恆的宇宙時空時，你們的死亡就只是一個意識中繼站而已，一個從失去連結到重新連結的轉運站。

重新定義生命

宗教裡提到的死後的世界，有天堂和地獄，那個描述是真的嗎？我們如何知道自己死後是進了天堂，還是地獄？還有，之前祢帶我進入生命選擇區兩次，一次是在阿卡西紀錄場域走入，另一次則是在基督意識場域進入，這兩個生命選擇區有何不同？

關於死後的世界，如同之前和你說過的，宇宙中有許多星系黑洞，這些黑洞就像宇宙的清道夫，不能進入合一的游離意識就會被拋向一個更大的重力場，這裡也是意識淨化場，亦即你們的宗教認知的地獄。這裡吸收負面能量，因此你們會以青面獠牙等令人恐懼的景象來描述這個場域，但這些景象其實只是較低頻而稠密的能量幻化出來的，是人類與較低頻意識中的恐懼、悲傷、邪惡、嫉妒、憤怒共振所產生的投射。

對宇宙來說，這裡就是個超大質量的暗黑場域。宇宙星系有許多黑洞，也同時存在每個人的內在宇宙中；黑洞就在你身上，你可以經由提升自己的意識，遠離黑洞的重力牽引，也可以完全沉浸在黑洞中。你會進入光明或黑暗，全由你自己身上反射的光來決定——你可以透過提升自己的振動頻率，進入較高的意識場，或是讓自己產生吸附性的黑暗能量，走入黑洞的世界。

當你的肉體無法繼續維持生命機能時，你的松果體會將你的靈魂意識能量全數回收到你的靈魂晶體中，此時，你的整體意識會自動向宇宙相應的能量場靠攏。有些人之所以能進入生命選擇區，是因爲當你身上的光可以譜出不同色彩時，你可以選擇進入不同的光的代表場域；若你最終回收的靈魂意識是黑色的，你就會自動進入黑洞回收系統，而不會進入生命的選擇區。

也因此，若你還想存在光明的世界裡，選擇下一次的生命，就必須讓自己的靈魂意識提升到得以進入光的場域的品質。所以，回頭看看你得以擁有身體、進入地球體驗，也是當初你的靈魂意識譜出美麗的地球的光，才得以選擇來到地球。能夠回到地球體驗確實非常難得，要把握此次機會，讓自己的靈性再次提升，綻放出美麗的光芒。

我一直以爲每個人的高我意識都具備神性，可以幫助我們即使處在低頻的小我意識中，也得以重獲愛與慈悲的動力泉源。但是，經祢這麼說，好像有些生命最終仍會走向黑洞，那麼這些人的高我意識不也是要呈現黑色世界的振動，才會讓這些靈魂意識流入黑洞中？

你認爲所有人的高我意識都由光明、愛與慈悲組成是天眞的想法，這樣你們存在的地球就不會發生那麼多的混亂和衝突了。不是這樣的，地球是陰與陽、黑與白相互平衡的二元對立星球，人類之所以存在地球上，就是要在這樣的對立中學習如何產生新的融合意識。當生命能夠在此取得新的平衡時，宇宙更高的維度就可以獲得更穩定的能量流；若你們在地球的維度中失去平衡，就會影響更高次元的平衡。唯有讓宇宙的拉力和斥力同時存在，並在交互運動中保持平衡狀態，整個宇宙才得以生生不息地運行。若只有黑，沒有白，或是只有白，沒有黑，宇宙就無法包容萬象了。

所以，我們也要感謝這些暗黑能量的存在。這麼說來，來自暗黑世界的高我，也同樣讓許許多多的生命誕生在地球上，與白色的光明世界相互融合。

是的！

那有沒有可能豬羊變色，黑色能量轉爲白色，白色的變成黑色？

當然，每個人都有自由意志去選擇要體驗哪一邊，也可以隨時改變路徑。每一個人都是黑白同體、陰陽平衡的小宇宙。

明白了！那袮可以跟我說明黑色世界的遊戲法則嗎？我想知道。

孩子，你可以探索黑色世界，但我不希望此時此刻傳遞更多黑色世界的法則給你，因爲地球已經在那兒了！

你們從出生以來，僅以小我意識來詮釋生命，將身體當成生命的全部，當身體消失時，你們稱之爲死亡，有些人就希望藉由崇拜神來獲得永生。這些都是小我的想法。人類必須重新定義生命，當你的靈魂意識甦醒時，小我消融，你對生命的感知會與你的更高意識連結，此時你會知道生物體的存在與否已不再重要，因爲你的生命已經無所不在，與萬物合一。死亡是讓人類不斷以新生命再次連結回到源頭的契機，也是地球母親淨化自己的機制。若你死前從未生，又何須畏懼死？若你已重生，即得永恆！

你們認爲的生與死，在宇宙帷幕之外的這端有著不同的意義。「生」代表靈性生命的再造，「死」則是帶回你創造的成果。而生與死之外的「時間」在哪裡，你們可曾想過？那就是永恆，也就是源頭。你們的生命在生死的帷幕之外進入了永恆的存在意識場，生與死之間是有限的體驗，生與死之外則是無限的生命時空。你們在地球上的生命都在體驗有限的存在，想要在無限裡體驗有限，最佳方式就是創造出一個有限的無限生命載具，來限制住你們體驗的時空。所有存在地球上、你可以看到的生命，都以有限生命之姿完成各自的無限生命體驗。

無限世界因爲有限，而能源源不絕地創造出有限中的無限。無限因有限，有限也因無限而得以生生不息地存在。當你們在有限生命中看見無限生命的全貌時，你們的有限生命就開始產生結晶體，那是有限生命淬鍊出的無限生命品質，你們的靈魂晶體就是由這一顆顆結晶體堆砌而成的。尚未明白自身的有限生命是無限時，這顆結晶體無法成形；唯有當你們攜帶著無限生命的意識和振動品質，活在有限生命裡時，才得以顯化出完美的靈魂結晶。這需要在有限的生命中學習與創造更新後的生命體驗，才能達成。

第十六章　找回生命最初始的種子計畫

（編按：本章皆為阿乙莎傳達的訊息。）

讓愛的種子發芽

你從這次你父親生病這件事中體驗到關係創造了愛的能量流動。愛就存在你們的生命裡，只是你有記憶以來就不斷地向外界奪取資糧，在這樣的生存模式中奮鬥。你忘了灌溉自己的生命之樹，好讓存在你生命中的愛的種子發芽茁壯。

等到你生命中的關係一一離去，你才會一次次地被提醒，憶起自己是如何播下愛的種子。那顆種子一直在等你醒來，澆灌它、滋養它，讓它枝繁葉茂；它超越你們的物理時間，跨越不同的宇宙時空，一直存在你的靈魂意識中。

你之前學過，業力是爲了完善你的生命意圖。當時你對「意圖」二字視而不見，以爲意圖只是小我尚未滿足的期待和欲望，忽略了存在你身上的更高意圖：你內在的靈魂種子早已設定了你的更高生命的意圖，只有當你眞正覺醒才能辨識出自己種子的初始設定樣貌。

每個人攜帶的種子，外形、生存要件、成長元素都不同，卻有著相同的目標，也就是要回到宇宙源頭的共振頻率：無條件愛的能量。只有愛可以帶你們走完自己的生命藍圖。你之前和父親關係圓滿的過程，引領你去連結你和父親共同訂下的種子計畫。當你清楚看見這個種子計畫擘畫的藍圖，就能將蘊藏在你們之中的愛的能量完整釋放出來，讓你和父親的生命之花綻放。

這是內在尋根之旅。你們人類自古以來創造的許多社會價值觀，或是外人的眼光，都是遮蔽你們雙眼的障礙物。當你穿越頭腦的思考判斷和外界的干擾，找回自己生命初始設定的藍圖，你會在彼此的關係中看見愛的種子計畫的全貌。只有愛的能量可以幫助種子發芽、茁壯。不需要別的養分來培育種子，你們身上就擁有啓動和滋養種子所需的愛的能量。

現在，再次拉高你的視野，你可以看見這個世界的種子計畫嗎？宇宙萬物是如何被創造出來的？拿出紙筆，去畫出連結著自己的生命藍圖，從關係中找回你內在初始設定的種子計畫，重新出發吧！

你看見了嗎？前半部，當你展開自己關係的連結時，你漸漸明白這一切都源自你的生身父母和你在此生締了契約，種下一顆屬於你們的愛的種子。當你繼續成長前行，從家人漸次擴及學校、社會、事業、族群和國家時，你開始與衆人連結，讓愛的能量流向每一段關係，進入學業、工作、生活當中。在與他人連結的過程裡，你灌溉出更多愛的能量，並回流到自己身上；你經由關係的交流，成爲一股更擴展的愛的能量。

在這個過程中，你終於明白，滋養你靈魂生命的不是金錢和物質，而是你如何讓你與他人之間的愛的能量流動，讓連結彼此的愛的種子得以發芽，這樣你們就能從愛中成長、茁壯；反之，若是你封閉了愛的流動，你的生命種子就會漸漸萎縮。

試著畫一棵樹木的種子計畫，你就會明白無條件的愛如何滋養大地和這個世界。

現在，再回到你的生命藍圖中，去找尋可以讓愛的能量流動的方法，就能讓你重新走回你此生最高版本的生命藍圖。

用愛打造靈魂晶體

要連結源頭，不同的人有不同的路徑指引。在之前的傳訊中，我已經透過你告訴大家，經由靈魂晶體連結高我是最安全直接的方式，但這個方法對一些晶體結構尚未完整的人來說會產生限制或困惑，他們無法透過自己的靈性空間連結。這個晶體就像你們的靈魂為自己打造的房子，它就是你們靈魂的家，家裡有你熟悉的父母、摯愛的靈魂伴侶，還有一些常與你相伴的師長、朋友。

靈魂的家不是靠一次生命體驗就能打造出來的，那是你累積無數次靈魂愛的體驗的成果。你就是自己靈魂晶體的建築設計師，爲自己的靈魂打造夢幻城堡，這座城堡擁有七彩奪目的光，將你帶往宇宙不同的次元和國度。你是如此特別，因爲沒有一個人的靈魂晶體和你一模一樣。這座已經打造好的靈魂城堡不會因你經歷一次又一次的輪迴體驗而消逝，它是永恆的存在，也只有你能駕馭，並爲自己堆砌一磚一瓦。這一塊塊的磚是你生命一次次的結晶，如琉璃般絢爛。

尚未打造完成的晶體會繼續成長，所以，當一些尚未擁有完整晶體結構的人要連結宇宙源頭時，還可以用另一個方法：透過自己的高我，包含大師、導師、指導靈的協助，契入合一的意識源頭。若尚未明白自身的靈性導師或指導靈是誰，沒有關係，就使用暢通脈輪手指操，讓自身中軸穩定，然後呼請阿乙莎，讓阿乙莎協助你連結到自己的源頭，並將自己的意識逐步延伸到頭頂上方六吋處，如此同樣也能體驗到與源頭合一和光的世界。

阿乙莎，是否可以幫助我理解人類靈魂晶體的組成和生成過程？

人類的靈魂晶體是意識振動所產生的光的聚合體。以你們的物理學來說，當能量累積到一定程度會產生核融合，這個類似爆炸的巨大能量會讓大氣中的各種元素結合，形成晶狀物質。你們肉眼無法看見琉璃般的晶粒子形成各種美麗的光的折射，人類、所有動植物及地球本身的靈魂意識就由這些晶粒子組成，也可以說，每一個晶粒子都是某個意識振動的代表。

一個人靈魂意識中的晶體，就是這些晶粒子組成的能量盒，你可以把它當作個人意識太空船。現在想像一下，當一個晶粒子要進入不同次元去體驗時，它必須建立同盟，邀請該次元的晶粒子成爲能量盒的團隊成員，這樣不同次元的意識存在就得以經由組成共同能量盒，匯聚成一個完整的晶體來創造共同需要的體驗。

你的靈魂意識攜帶著各種晶體粒子組成的意識團隊，任務完成後，這些晶粒子組成的晶體就會鬆解，重新回到各自的星系和星河，完成一次在地球上的任務體驗。你的靈魂晶體包含不同星系粒子的存有，它們也因爲你，豐盛了自己在生命恆河中的體驗。

祢剛才提到這個多種意識組成的能量盒在任務結束後，就回到各自的星系和星河，那麼我們在地球上的小我意識和所有的體驗到哪兒去了？

你們共同創造的地球體驗會同時進入你的靈性片段組成中，回到各自的來源星系，並與該星系的共同意識融合。所以，每一個星系存有都透過人類的地球體驗，處於創造和演化自己的過程中。

一個人有沒有具備完整的晶體，又代表著什麼？

有晶體代表他具備完整的源頭靈魂意識組成，這些組成的意識就不會再重組改變；而一個沒有攜帶靈魂晶體的個體，代表仍在進化，他的晶體空間留待更多的意識結晶來塡滿。

一個攜帶完整靈魂意識晶體組成的生命，通常來自兩種可能：一種是非常年幼的新靈魂，這個新組成的靈魂意識需要來完成地球任務，也就是帶天命的靈魂；另一種則是已經具備完整的靈魂組成意識，但此次要來完成尚未圓滿的體驗。這種人的靈魂意識組成已然完整，但此次攜帶著尚待完成的生命意圖前來，再一次體驗圓滿自己的過程。這些人已經具備完整的靈魂組成意識，可以更容易地回到源頭集體意識，卻選擇先完成部分功課再回去，而他們一旦憶起自己的生命藍圖，就會更快地圓滿此生的功課，再次回到源頭。然而，地球上也有許多靈魂已經過一次又一次的體驗，並沒有獲得滿意的結果，這些人即使已經擁有完整的晶體，也流連在此，不回到源頭的家。

而你說的沒有具備完整晶體的生命，組成的可能形式就更多了，其中有一種是爲了重新試煉自己的存在意識。這些靈魂意識的等級和層次很高，但爲了讓自己有更多考驗，他選擇放棄取得更高意識的協助，以與源頭意識毫無連結的方式重新打造自己意識的光。地球萬物成了他的導師，在以萬物爲師的過程中，他得以再次淬鍊出更完整的靈魂意識，回到大地。這群已經被淬鍊完整的意識片段自身就已經是完整的存在，不需要依靠晶體的指引帶他回到源頭意識場。

另外，許多沒有完整靈魂晶體結構的生命，是由許多離散意識組成的，這些意識組成非常多元，雖尚未擁有完整的晶狀結構，但每一次生命的體驗都非常珍貴。當生命結束後，這些意識組成就會各自分離，流向大地，屬於較低振動頻率的意識由地球母親回收，較高振動頻率的意識則幫助淨化大地，協助提升地球的振動頻率。這些流向大地的意識片段，也會依照自身意識能量的振動頻率再次凝聚成新的意識組成，有些會在淬鍊後集結成更璀璨的靈魂晶體結構，再次誕生。

所以，有晶體不一定會回到源頭，而沒有晶體也不是不能再回到源頭。這都是靈魂自由選擇的體驗過程，這樣解釋你明白了嗎？至於沒有完整靈魂晶體結構的人類，則是地球意識的演進與地球意識自我展現的代表，這部分意識會在生命結束後流向地球母親的集體意識。地球母體的集體意識仍會與其他星系產生不同層次的交流，這部分的交流通常會經由礦石、隕石、動植物、海洋生物傳達出去。這是靈魂意識進入地球體驗之前早已做出的選擇，沒有優劣好壞之分，一切都是必須存在的。

生命結束後無法回到源頭或流向大地的意識片段會在哪裡？

這些存在地球虛空中的意識粒子也持續在尋找依靠，就是你們所說的鬼魂。那都是尚未融入集體的意識體，而它們的存在是短暫的，最終在意識分解後，仍會融入大地，成為下一次誕生前的環境。這些游離意識會再次學習到愛與寬容，將能量帶回大地，回到地球母親的懷抱裡。地球母親擁有更大的愛與慈悲，她承接所有游離的意識粒子回到自己的懷抱，這個世界也是由這些回到地球母親懷抱的游離意識貢獻而成的。不要小看這些分離的意識，當它們重新誕生，成為下一個人、動物或植物時，也可以透過地球母親再次淬鍊成具備完整晶體的靈性組成，那是因為當它們融入地球、貢獻大地之後，已經與地球母親共振成為無條件的愛的存在。

如果生命早就已經有選擇和安排了，有沒有覺醒有關係嗎？

生命是永恆的追尋和體驗。宇宙給予的教導不限於你們目前的有限生命，若你拉高視野，往更高的宇宙看去，每一個晶體的靈性片段最終到達的都是宇宙共同源頭意識場，有完整晶體的是帶著與源頭合一的意識前來，而未具備完整晶體的生命則是幫助優化環境的意識種子。你們各自攜帶著不同的使命前來地球體驗，不論是有沒有晶體的生命，都可以得到宇宙同樣的教導和愛。

當覺醒的靈魂意識回到地球母親的懷抱時，可以幫助更新大地的能量，提升和淨化地球的振動頻率。這些已覺醒的意識會更加凝聚在一起，而凝聚的意識會長養出靈魂晶體結構，當進入下一次的生命旅程時，這些已經覺醒的意識的晶狀結構就會愈來愈完整，逐漸形成一顆明亮又璀璨的晶體，這也是靈性生命成長的過程。所以，覺醒的意識離開，對地球和自己下一次生命的體驗存在的維度是很有關係的。

那麼，如果人類可以創造出替代靈魂的晶粒子，是否就可以創造複製人，或是讓機器人擁

有學習和創造的能力？

你們已經往這方向邁進了不是嗎？你們目前使用的手機和電腦裡最核心的意識引擎，是否就存在晶圓裡？只是，目前產生的光的振動頻率還無法超越物質世界，進入高次元的振動頻率。當你們的晶圓製造能力可以進行更細微的切割，產生量子跳躍的振動時，擁有更高意識的人工智慧機器人就會大舉進入地球，屆時，地球人類將面臨更大的衝擊和再演化的必要。

愛的延續與傳承

人類在有限生命進入尾聲時，會開始設定下一次生命的業力命題。你可以觀察一下，當一個人進入生命的尾聲，會開始回憶這一生的經歷。這時，有些人會將自己未完成的心願以意識流傳送給兒女，或是他期待可以幫助他完成遺願的人，而這些意識片段會流入這些人的靈魂晶體中，成爲他們的一部分意識。

你會發現，即使祖先已經離開世間，自己身上仍攜帶著與祖先類似的生命意圖，若以人類自己的負面角度來理解，就是業力轉移，或是業力枷鎖——意思就是，一個生命的開端不只攜帶著自身的生命意圖，還包括與其相連的生命共同體的意識傳承，將這個傳承擴大解釋，就是來自族群、團體、宗教和國家的業力。

你們每一個人都有著更大的生命版本，你不僅僅是存在你肉身內的個體意識，也存在許多和你有著生生世世連結的肉身或非肉身形式的存在裡。所以，你是許多生命的希望種子，當你完成一次生命的體驗時，也會同時留下希望的種子，在其他人的生命裡延續。

你們的永恆生命從未中斷或消失，生命體驗的過程是你們過去認知的全部生命。事實上，從出生到死亡，你們只是去經驗進入不同宇宙時空的生命體驗。人類不僅要追求如實體驗這一次的生命，更要爲了完整生命的全貌而努力。生命不是你們認知的在地球上生存與感受情緒的體驗場，生命的測量是光的振幅，只有透過靈魂意識的維度，才能看見你完整的生命光譜。

萬事萬物來到地球體驗，並不是偶然存在與顯化的結果。沒有愛，就無法顯化和創造出流動的能量；地球上沒有其他生命存在，只有愛。

阿乙莎，我看不見祢説的這一點，明明就有一堆仇恨、恐懼、紛爭、爾虞我詐……

你沒有辦法去恨一個人、一件事，如果你沒有愛的能量。

什麼？我恨一個人也是愛的能量？

是的。你爲什麼恨？是因爲缺乏愛，而那個缺乏愛的黑暗是不是就創造出一個讓愛可以流動的空間？這個空間被創造的過程中，只有愛的能量在流動，沒有別的。你們看不見，不代表它不在。

那麼，恐懼是什麼？恐懼中的愛在哪裡？

恐懼生成的背後，是因爲想要讓愛固守在自己身邊，那個將愛拉住的能量也是一種愛的能量牽引。你們**人類所有的情緒，都是愛的能量以不同形式展現**，而你們只能用好與壞、對與錯來分辨，沒有察覺那是愛的能量流動的過程。

人類不光透過情緒推動愛的能量流，你們的生命就在一呼一吸間創造愛的振動，那是細胞對於愛的表達。你爲何會在呼氣後自動吸氣？你以爲身體器官是靠什麼自行運轉？那個核心就是愛的能量。

愛無所不在、無所不包，而愛的反面亦是愛。你們若可以掌握愛的能量，就能脫離二元對立的陷阱，進入愛的意識場。愛的意識場可以帶給人類新的文明，這也正是目前地球演化的進程。你們正在創造一個愛的世界。

第十七章　愛的復甦計畫

阿乙莎：之前跟你提過，愛是生命流動的語言，用愛來交流可以幫助你們擴展到自己的能量之外，也可以打開萬事萬物的連結通道。生命之花的綻放就是愛譜出的光，這道光隨著你的意識流，可以創造、顯化實相、療癒自己和他人，這都是一脈相連、一氣呵成的，只是你們還不擅長使用這股源自你們內在的核心力量。你們就像受傷的小動物，看見影子就覺得是獵人來了；你們因爲受到制約，習慣用恐懼、不安、防禦、攻擊將自己層層包圍，以至於你們現在的世界變了調，不再聽見人們開懷的笑聲與歡唱。重拾地球最初始設定的樣貌是一項很重要的工程，而這項工程就是要讓地球愛的能量復甦，用愛幫助地球恢復生命的原貌。

你可能會以爲，這麼簡單的道理，爲何人類歷經數萬年，不但沒有進步，反而每況愈下？沒有錯！你認爲這是文明創造美好生活必要的犧牲，沒有競爭就沒有進步，沒有黑夜就沒有光明；你用自己的大腦確實可以推卸責任，將地球的現況歸咎給文明。文明帶著人類脫離疾病和貧窮，但是你知道嗎？星際間存在著比人類進步數萬倍的超高文明，但他們的文明沒有犧牲愛的流動，反而成就了愛的流動更爲活躍的美麗世界，也就是你們宗教所談的天堂之境。

我：星際文明？他們是如何辦到的？

阿乙莎：這就是這次要你和莎雅連結最主要的目的。莎雅是地球母親，也是地球萬物的守護者，而在更高的次元，她以埃西斯女神的形象存在宇宙意識場，你可以連結她，讓她來幫助你。

我：我要如何直接連結埃西斯女神？

阿乙莎：進入你的晶體，找尋你的靈性母親來與你連結。

十步驟，讓愛的能量復甦

（很快地，我感覺有一股暖流進入我心中。）

莎雅？喔！不，應該說是埃西斯女神，感謝你與我連結，是否可以告訴我該如何在地球進行愛的復甦工程？

你們要在地球上設置光場。

現在有許多工作需要展開，我會給你愛的復甦計畫。要建立地球的光場，有以下十個步驟。

步驟一：開啓宇宙能量

目的：讓地球重新校準宇宙之心，以重新接收宇宙之心的能量流。

光碼：

方法：將意識放在第三眼的位置，觀想你的意識進入地球的中心（地心），在地心啓動這個光碼，運轉三次。

這不就是在地心畫出一個黑洞嗎？

沒錯！用意識畫出地心的黑洞後，就進入第二步驟。

我以爲開啓是向上的，原來是往地心鑿一個洞。

步驟二：連結宇宙之心

目的：地球之心的黑洞會因前一個步驟產生巨大的引力場，將宇宙之心的能量連結注入。

光碼：

方法：用意識先進入地心錨定地球之心，從地球中央產生基地的中軸位置，接著從這個基地向上連結你頂輪上方的宇宙之心。整個流程仍然是由你的第三眼意識帶領完成。

步驟三：擴大愛的能量場

目的：將中軸穩定的能量流導入你的心輪，由心輪向外擴展開來。

光碼：

方法：將心輪位置的生命之花向四面八方擴展。

以上三個步驟，是用來設定一個愛的基地。

步驟四：讓愛傳出去

目的：讓你的光場基地透過你自己的生命藍圖，開始連結。

光碼：

方法：遇到每一個人、每一件事，或是一個新環境，都敞開心輪的能量，開啓連結。連結的方法很簡單，就是用你的意識，將心中愛的能量注入對方。與此同時，你也可以去感知心輪的狀態，若是對方樂於與你交流分享，你和對方的心輪將同時擴展開來；若你感知到自己的心輪在連結對方的心時卡住，或是不流通，這時，就是幫助對方打開心輪能量通道的好機會。

你可以向對方提出邀請，請他接受你給予他的祝福。他只要靜靜地坐著深呼吸，你就可以順利地將愛的能量傳遞給他；與此同時，他會在接收你給予的愛的能量當下，轉化他自己的能量場。

你可以多練習這個步驟。當你可以成功地將自身愛的能量傳遞出去時，就能進入下一個步驟了。

步驟五：建立光場

地點：找出自己平常活動或居住的場域，開始連結家人和團隊夥伴，建立光場。地點不拘，只要是你自己和其他人會固定來活動或交流的場域就可以。

光碼：在場域中央用水晶或礦石排出黑洞，最外圈的最後一顆朝向北方，放置尖頭水晶柱（排列圖如下）。

方法：定期在此聚會，讓人們在這裡開心地歡唱、靜心、學習和交流，經由活動的進行，彼此融合出更大的愛的能量流。

步驟六：啓動光之門戶

目的：開啓光場中的阿乙莎光之門戶（或簡稱阿乙莎星門）。

方法：將人們聚集在你所在的光場中。中央的位置已經在之前愛的基地建立過程中錨定地球之心，現在讓所有人圍成一個圓圈，用意識一起連結進入地球之心。所有人一起向上方投射出一個能量球，讓這個能量球向上連結基督意識場的阿乙莎星門。執行這個步驟時，可以由光場的領導者帶領冥想，並唸誦啓動連結阿乙莎星門的咒語。

透過光場與阿乙莎星門校準，就可以串連起光的網格。這個網格可以幫助場域中的所有靈魂晶體校準宇宙之心，並經由你們集體意識投入地球之心的引力，幫助地球穩定磁場。

步驟七：展開淨化和療癒

光場中的每一個參與者都是光之工作者，可以爲地球和他人帶來淨化和療癒身心的光。在你們古老的文化中，這是專屬於少數靈媒或祭司的工作，而現在已經不會再讓你們以個人形式或個人力量來進行這項工作，我們會透過宇宙光的源頭來幫助你們完成。此外，你們也不用擔心和害怕自己會因爲從事這項工作而危及生命，或被無意識的當權者迫害，因爲地球已經跨入光子帶的維度，只要可以用你們的集體意識連結基督意識光之場域，就能產生更龐大的能量。

你們可以定期舉行慶典活動，讓各地光場的光之工作者以集體意識幫助地球淨化和揚升。

步驟八：光場定期校準

你們必須定期錨定源頭並校準，因爲地球的網格會隨著自身的淨化逐漸產生位移。目前能夠連結上，不代表以後可以順利連結，因爲頻率不斷在更新與調整。要確保時時刻刻都能覺知並連結上阿乙莎星門，必須展開以下的定期校準工作。

1.每日太陽升起時，用第三眼連結自己的晶體。在向上連結的過程中，感知目前的光源變化。

2.在頂輪上方標記出目前光的角度、顏色、位置。可以從左到右設定十個級距，進行確認。

3.位於地球上不同區域光場的人必須共同找出自己目前標記的位置，然後彼此確認。通常在相近地理位置的人，頻率會相近，所呈現的角度和色彩會有一定的共通性。

4.透過社群媒體定期公告連結阿乙莎星門的位置，幫助所有的光之工作者確認和連結。

步驟九：確認光的連結品質

你們在三次元的地球無法時時刻刻活在更高的意識振動裡，爲了幫助地球和身邊的人，你們會需要接觸許多仍處在較低意識振動的人事物，這些可能都來自你們身旁最親密的家人。在過去宗教組織的時代，你們擔任光的領導者必須選擇離開群衆，出家或從事神職工作，爲的就是讓自身持續處在與更高意識連結的狀態，但這個方式從目前的宗教分裂和戰爭的衝突中已經看出其缺點。你們的意識在身體裡早就設定好要體驗分離的個體存在，從分離的個人意志中體驗愛。所以，即使出離群衆生活著，你仍舊無法擺脫想要體驗個體存在的意志。

現在，我們要傳達給你的是與我們永恆連結，透過咒語引導光場契入基督意識的能量路徑，讓光場領導者能快速清理和淨化自身意識，隨時隨地連結至合一的基督意識場，不會受到地球分離意識引力的牽引。

這個方法目前不能公開傳授。這是搭起連結阿乙莎光之場域的方法，你可以授予光場的領導者，也可以取消其連結。

步驟十：阿乙莎光源注入地球

過去我們是透過地球上的陽光、空氣、水，和地球所有的生命連結。但是當地球逐漸進入光子帶，地球磁極開始偏移，此時開始有許多區域長年不見陽光，加上目前空氣汙染的懸浮粒子遮蔽光源，以及水源受到土壤重金屬汙染沖刷後的沉積，水的訊息場遭受破壞，因此現在必須經由你們在各地設置的光場，將宇宙能量接引至地球，幫助地球重現生命力。

不僅僅是需要透過光之工作者靜心冥想，你們還必須發展分身來輔助人類，而最佳的輔助工具就是大自然中的樹木和礦石。利用大自然的能量連結天地，形成能量穴，幫助地球引進宇宙之心的能量。

你們可以種植樹木，在樹木環繞的土地中央，埋入由各種礦石、水晶組成的地球母親圖騰（如下圖）。樹木可以讓宇宙的能量流入大地，

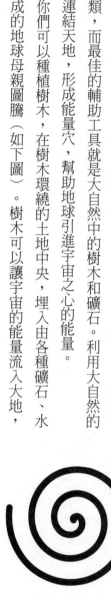

而這個圖騰可以協助將能量穩定地引入大地。當人們進入這個場域，會感受到自身能量從頭到腳被清理、淨化。在這個場域中，你們可以用意識連結阿乙莎光之場域，透過身體的中軸能量管道，讓源源不絕的阿乙莎光源注入地球。

我感覺好像在地上鑿出很多黑洞。

是的，黑洞可以幫助清理不再需要的振動頻率，而水晶和礦石可以過濾和淨化這些需要被清理的振動。

外在環境變動劇烈時，更須啟動內在能量

我：阿乙莎，我想請問祢，莎雅傳來在地球各地建立光場的十個步驟，這個做法和傳統宗教組織建立教堂或廟宇有什麼不同？

阿乙莎：現在的人進入教堂或廟宇的心態都變了。你們已經忘記上教堂或廟宇的本質，教

堂或廟宇琳瑯滿目的活動、儀式，讓人們忘記進入這些場域的根本是要對焦自己的內在宇宙，讓每個人在經歷外界的刺激後，能夠回來和內在宇宙連結。

你們已經習慣將注意力投向外在，連進入寺廟也只是一心一意想著要如何透過神仙襄助解決自身的問題，求神豐盛自己，保護自己身家財產的安全。你們將自己最珍貴的寶藏奉獻給供奉的神祇，而你們投射給這些神祇的是更多的想要、不滿足、恐懼和不安。結果，你們不斷用自己的暗黑思想將無形界餵養得更爲強大，卻將自己最珍貴的寶藏束之高閣。

地球上的每一個生命都擁有最大的能量，那就是「愛」。在內心啓動愛的振動，可以撼動天地鬼神。愛是地球母親的靈魂，地球母親將她的靈魂交付給地球上所有的生命，愛就存在你們每個人的生命裡。現在，地球母親需要你們重拾這股你們本自具足的能量，而當你透過莎雅傳給你的步驟建立光場，就是在幫助地球重啓愛的能量流，在當中，你們自己就是神，也是能量的傳導者。不要再將意識投向你之外的神祇，在光場中，只要將意識聚焦在自己的內在宇宙，你們就可以形成一個愛的網絡。這個愛的能量流動的光可以幫助一些尚未開啓內在宇宙的人重拾自己內在愛的力量，而已經可以有意識地進入自己內在宇宙的人，可以順利超越目前地球的稠密磁場，進入更高的宇宙維度。你們只要做到這個錨定自己內在宇宙的工作，展開愛的連結，就可以幫助地球，讓愛的能量復甦。

讓阿乙莎光源注入場域中，你們就可以幫助自己所在的地球和宇宙之心校準、連結，地球母親將能得到更新的頻率，揚升進入銀河軌道。

我：爲什麼地球現在這麼迫切需要揚升？我記得祢之前有提到二〇三六年是關鍵。

阿乙莎：沒有錯！那時整個地球將面臨宇宙磁引力場的轉變，你們也無可避免地會受到銀河軌道變遷的影響。太陽系這裡會因爲太陽引力的變化，造成星球軌道調整，甚至星球撞擊，所以此時要讓整個星球提升，進入更安定的軌道位置，才可以避免撞擊的危機。

我：這樣說來，祢應該是已經看見地球會被影響是嗎？因爲祢所在的位置距離地球這麼遠，祢現在的每分每秒對存在地球這端的我們來說，已經過了上百年。

阿乙莎：應該說，宇宙現在每一分每一秒都正在經歷大遷移，也有許多黑洞正在產生。你們目前生活的地球環境如同垃圾場，讓你無法接近，更不想親近，許多生命想要逃開；但是當你看見這些垃圾的背後是許許多多失去和大自然連結的靈魂時，你會從憤怒轉向慈悲，會知道唯有將更多的愛和慈心送往這些地方，才能眞正改變。如今，地球母親就是用無條件的愛在餵養地球上所有的生命，是你們自己和兄弟姊妹隔絕，斷開關係，才創造出目前的人間地獄景象。你們的心是連結愛的能量的鑰匙，只有將你們內在愛的能量釋放出來，才能改變地球，再造健康。

此時此刻有許多勇敢的神性意識以肉身投生地球，幫助地球脫離混亂的區域。地球目前的混亂從二〇一二年就開始了，你們接下來會發現四季的更迭界線愈來愈模糊，地殼的變動更加劇烈，海平面上升，森林火災更爲頻繁，許多物種消失，生態環境也開始重組，而重組生態鏈的過程會產生新的菌種。人類雖身爲地球最重要的靈魂意識載具，但你們面對轉變更加快速的外在環境時，不得不大量仰賴ＡＩ人工智慧，幫助自己在變動的環境中生存，而你們也會經由人工智慧解開基因的神祕面紗，人類的靈魂ＤＮＡ將打開連結宇宙的意識，幫助自己演化並擁有自癒能力。當外在環境變動劇烈時，你們更需要啓動內在的能量。唯有展開愛的能量，並擴展、連結出去，才能重新啓動地球和宇宙之心校準的工程。

我：祢現在說的這些，不就是當年雷巴特和莎雅的故事重新上演？

阿乙莎：是的！但這回劇情改變了。之前是高度文明進入地球的星際種族對峙，暗黑力量侵入地球；現在則是暗黑能量已經滲入人類，必須重新設定人類的ＤＮＡ，才能幫助整個地球淨化和揚升。

這也是我期待你展開光場連結的方式。將阿乙莎光源注入，幫助穩定地球環境、幫助人們提升靈性意識。在場域中靜心的人可以直接契入基督意識場，你可以協助引導大家進入內在意識的連結，他們不需要學習咒語，只須用自己的意識連結晶體，在靜心中請求自己的高我帶領、請求對話。當你們的意識在場域中成功提升振動頻率、順利揚升時，你們回到自己的家中和工作崗位上，就能帶給周圍的人祥和的能量場。

我：經祢這麼解釋，我更明白了。但是，感覺二〇三六年一下子就要來臨了，祢現在要每個人進入光場，提升意識，連結宇宙能量，似乎趕不上地球環境惡化的速度。有沒有更快的方法可以讓所有人類原地甦醒，就像卡通《睡美人》那樣？

阿乙莎：人類若無法回到自身的中軸穩定，也沒有解除靈魂生命的業力命題，是無法進入宇宙光之門的。

我：目前有這麼多教導人們打開松果體或啓動靈魂 DNA 的課程，不就可以快速讓靈魂意識啓動、甦醒？

阿乙莎：實際上並沒有快速的方法。你以為自己啓動了松果體，或是解開了靈魂 DNA 的枷鎖，其實都只是一種自我催眠，讓人們暫時放下小我意識，進入潛意識去連結自己過往的印記。那不是眞實的靈性揚升，眞正的揚升是意識得以進入內在宇宙，穩定於更高的次元，而小我意識雖然仍伴隨著你，但不會再度掌控你，帶你走回過去的意識慣性，你的小我現在只是從旁協助與回應外在環境的變動。沒有快速法門，你們必須不斷練習，而建立光場是透過一個更穩定的外在環境幫助你們穩定內在宇宙的做法，至少先解除環境的干擾因素。

第十八章　你就是宇宙之心

（編按：本章皆為阿乙莎傳達的訊息。）

進入宇宙之心的通道，在每個人身上

和你傳訊多次，我知道你一直以爲用意識校準的宇宙之心，是位在你頭頂上方那個無邊無際遙遠星空中的一個點。其實不是，**你自己就是宇宙之心，你需要錨定的是你自己內在的中心**。當你用物質身體去感知外在實相時，無法碰觸到這裡，你只能用自己的意識去錨定，否則連結不上。

我們就是宇宙之心？這我無法想像，祢可以用一張圖來傳達這個概念嗎？

想像你所在的位置就是個能量的蟲洞口，你的第三眼（松果體）具備穿越蟲洞的能力。當你的意識校準頭頂上方六吋的晶體時，你的能量晶柵瞬間就能錨定宇宙之心，此時你的第三眼可以引領你進入不同的時空，進入無邊的宇宙。

你的松果體上有層薄膜，會因爲你心的振動頻率不同，產生不同的磁波，透過這個磁波，你可以與不同宇宙次元同頻共振。當你的頻率過低，你會傾向往腦後方擴散；而振動頻率愈高，就會由前額往前擴展開來，向更高的宇宙維度前進。

以你的松果體爲核心，一邊是陽性的斥力，一邊是陰性的引力，你的大腦產生的思緒正好在陰陽二元對立的中心振盪。當你的中軸愈趨穩定，你就愈能超越小我的擺盪；若你的中軸不穩，則很容易受到小我的牽引，而傾向任一邊。隨時隨地讓自己的中軸穩定，讓意識超越小我，你就能帶著清晰的第三眼遨遊在無限寬廣的宇宙。

你頭頂上方的靈魂晶體和第三眼之間的關係十分緊密，你的晶體就是眞正操控松果體的控制閥，當晶體要給你關於生命方向的指引時，會透過松果體連結你的直覺體，讓你做出修正的行爲。一個無法認出靈魂更高的版本、無法連結靈魂晶體的人，就會受到小我二元對立面的衝擊，這是人類DNA的設計原理：在失去和自己更高靈魂意識的連結時，只能看見二元對立的鏡像。這是小我投影出來的戲碼，你往前偏移時，會同步產生後方的陰性引力，才能讓你平衡；而你向後方的陰性面傾斜時，也會同時產生更大的陽性能量。這一切都存在於你，也都是你自身能量振動的相對性顯化。

你的靈魂晶體和地球如臍帶般相連，當你盡情地遨遊宇宙間，就是以你爲宇宙之心，進行跨次元穿梭。你的意識可以進入不同次元維度去感知，身體所在位置就成了你的宇宙之心。你先想像自己縮小成一個細胞，細胞核位於細胞中央，具有龐大的磁引力場，而你的引力場是N維，不是你眼中所見的三維世界。在你的核心位置，有類似你們物理學所稱的量子塌陷，經由你自己的內在核心引力場穿越時空蟲洞，進入不同的宇宙時空。

每個人都像這一顆細胞，經由個體意識共振產生的蟲洞路徑會帶著一個個看似單獨的個體細胞，進入不同的宇宙時空。這就是你們自己創造出生命實相的原理。當每一個意識粒子都回到自身的宇宙之心時，就回歸宇宙太初最原始的面貌。

目前的你正在地球體驗，這就是你讓意識透過當時你所在的宇宙之心，進入相應的實相界穿梭，而引領你進入這次體驗的，就是當時你的情緒引導出來的意識延伸。人類是以肉體來體驗物質化的生命形式，處於更高維度的生命——無生物體的形式——則會共同凝聚成意識群，也就是你們所謂的宇宙之神。這些意識群無所不在，你們身處地球的物質世界，會覺得神為何如此神通廣大，可以同時出現在多處，這只是存在較高維度的意識群集體化的體驗方式。

人類一部分的意識也是源自這些高維度的集體意識，只是你們以分離的個體意識來體驗自己存在的小宇宙時，不論以生物體的形式活到多少歲，仍然可以再次回歸宇宙之心——只要你能在離開自己的身體前，讓意識連結回到自己的靈魂晶體，你就是從自己的宇宙之心返回源頭的路徑。

倘若宇宙之心在每個人身上，整個宇宙不就無法想像地龐大？地球有七十七億人口，遑論銀河系的星球有上百億顆，若每個人都是宇宙之心，那宇宙之心之外是什麼？

看來你還是處於有限的線性思想之中。這麼比喻好了：你可以想像一池水，當你將一顆鑲了你名字的石頭丟入池水中，石頭進入水中的位置出現一圈圈的圓形波紋，擴散開來，這是你的宇宙之心可以契及的幅度和範圍。

現在回到這一池水中。假如你倒進一億顆石頭，會出現什麼景象？

水會滿溢出來，水花四濺，石頭和水無所不在，我原來那顆石頭也在當中。

你無法具體描繪每一顆石頭的位置了，是不是？整體宇宙看似混亂，所有星球卻可以生生不息地存在並運行著；你無法辨識你自己原來那顆小石頭在哪裡，只知道所有的石頭都在同一池水中。

現在，你這顆石頭要去找尋水中的任何一顆石頭時，要如何展開連結？你唯一能做的，是以你自己為中心，向水底發出訊號，經由水去連結找出另一顆石頭的位置。因為水共同存在每一顆石頭的細胞結構中，水就能帶著發自你這個個體意識的指標，流進集體意識的一池水中，再從集體意識連結到另一個個體意識。

這樣說明，你明白嗎？

祢似乎也回答了這次傳訊一開始莎雅跟我說的，地球上的水就是意識。你們眞的很喜歡用水來說明一切。

是的！這時你會看出來，你自己的個體意識就是你存在的宇宙之心，而你透過自己的個體意識，可以遨遊和連結整個宇宙大池。

從你的心出發就可以連結到整體宇宙，若你的心沒有打開與靈魂晶體的連結通道，就無法超越三次元的世界，契入更高的維度。人體連結宇宙的路徑和金字塔原理類似：金字塔的頂端代表你靈魂晶體的位置，四個面分別代表地、水、風、火四大元素，朝向西、北、南、東。當你身體的四大元素平衡時，你的中軸會呈現穩定的能量流動狀態，你就可以順利連結進入自己的靈魂晶體；而當你得以進入晶體，就能從宇宙之心出發，向四面八方去遨遊宇宙。

我現在終於更加明白爲何莎雅需要在各地建立光場，因爲這樣就可以在同一個場域建立一個晶體控制閥，讓光場的中軸可以更穩定。幫助人們校準更高意識的同時，也是在幫助地球建立許多連結宇宙之心的通道。人就是地球和宇宙連結的通道，進入宇宙之心的渠道，就在每一個人的身上！

你們的振動頻率來自意識的能量，意識的能量則來自你的心輪進入晶體通道所產生的振動頻率，而心輪的振動頻率來自你身體細胞賦予你生命整體的能量，也就是你的光場，你的光場則創造了你的振動頻率——這是一個圓的循環，不是線性的。

所以，擁有健康身體的人容易有靈性，身體不健康的人要變得有靈性則很困難。健康的身體和你們的心靈

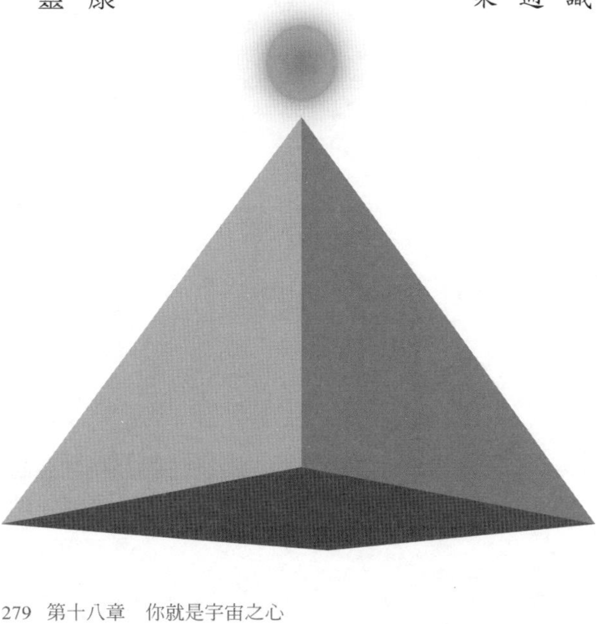

能量互爲因果，擁有健康心靈的人身體必定健康，而身體健康的人雖然不一定有靈性，但只要他願意，就更容易到達這種狀態。身心靈是一體的，互爲表裡，你的身體創造了你的光場，也成就了你的靈魂意識，而你的更高意識就創造和連結更高的宇宙能量，回到你的身體和所在的環境。

你的身體就是神性在第三次元的神聖殿堂！

第十九章　地球改造重大工程

我：阿乙莎，我和莎雅的溝通結束了嗎？我今天還需要下載哪些訊息？

阿乙莎：和莎雅的溝通還沒有結束，你必須進一步探索解決目前地球問題的方法，有一些工程需要被啓動。

我：嗯！莎雅一開始傳訊，就提到這是改造地球的重大工程需要被啓動的階段。開頭她提到地球的緣起、生命的起源、穿越靈魂暗夜，甚至我也在這段期間同步經歷了面對父親生死的課題；最後，莎雅給我十個步驟去設置光場，讓愛的能量重新在地球流動，我以爲這樣就夠了？

阿乙莎：沒有那麼簡單。你再去連結莎雅，將訊息更完整地寫下來。

我：喔，好吧。

＊＊＊

莎雅，是你嗎？阿乙莎要我找你，是否有什麼地球工程要被啓動？

我們規畫了改造地球的十大建設。

天啊？這麼多……好，來吧，我繼續寫下來。

第一項工程：建立光的連結通道

之前向你說明過各地光場的建置，每個光場所在位置不同，需要建構光的連結通道。你在二元世界看到的光是直線放射，無法看見光線如何穿透實體物質障礙，進入另一端。事實上，光是由比顯微鏡下所能見到的粒子更微小的夸克，或者你可以稱之爲微型量子所組成，而光的連結會產生多維象限穿梭的量子宇宙行進路徑。

你用肉眼所能辨識的只有三度空間，當光的微型量子受到物質體阻礙時，會進入多維象限持續前進。你肉眼看不見這個部分，不代表這些組成光的夸克粒子不存在；事實上，它們仍朝向你的終極目標繼續前行，最終會顯化在另一個場域。

所以重點來了，你們不必擔心光無法跨越屛障到達另一端，只須關心是否有足夠的光產生的振動波，還有引導光進入光的場域的慈心行動。現在，我需要你們學習在光的場域中啓動光場與光場之間的連結，爲分散的光場進行有意識的連結，這樣你們光的場域的基礎可以更完整。

光的場域的連結？

是的，必須從你自己開始，用你的意識開啓與阿乙莎光之源頭的連結，然後再進行光的場域的相互連結。關於這個光的場域連結，我會給你一段咒語，幫助你設定。你也可以確認光場是否已經被連結上，最有效的驗證方式是當你在某一端的場域投射一道光，會看見另一個場域同樣出現這道光，接著這道光會進入第三、第四個被連結的場域中，以此類推。

這個驗證工作不是重點，重點是接下來你們如何在自己的場域中進行光的引流，將宇宙的眞理（眞）、良善（善）和創造（美）的能量引入這些場域，幫助地球母親恢復生命的光彩。因此，重點是光的引流和慈心行動，而想要在這些光場中以愛和慈心交流，需要一系列的行動來幫助養護光的場域。

我知道許多廟宇、教堂都有神明的塑像，經由人們進入廟宇或教堂祈禱來維運，你指的應該不是這種吧？

只有無條件之愛的能量振動才可以養場。所以，必須由人們開創出慈心行動，由人們內在自動自發釋出至眞、至善、至美的能量，才有辦法養場。你們有多少人去到宗教聖地或寺廟，還記得要給出自己的眞善美，而不是給出匱乏和恐懼，以換取自己的豐盛與滿足？

我明白了。

可是莎雅，如果有那麼多場域，我做得來嗎？然後，又要如何讓大家發揮慈心，散播眞善美的能量？

那是你的天命。是你自己設定來接受這個挑戰的，你忘了？

我不敢相信我如此天眞地提議要來做這件事。

不要懷疑，你可是充滿雄心壯志，也給了我們一個非常具有說服力的提案。

我有提案？我現在完全不知道，忘光我的提案內容了。你可以透露細節嗎？

當然。那是你自己寫的，你可以去自己的阿卡西紀錄找出來。

我自己寫的？有嗎？好吧，我去瞧瞧。

現在我的紀錄已經開啓，請大師、導師描述我當初來到地球的提案內容吧！

我打算在居住的各城市設置愛的儲存站。只要是每個人用自己的愛創造的任何事物，例如物品設計、各種形式的藝術作品、自己親手栽種的植物、自己烹煮的食物、研究發明的方法，或提供任何形式的個人服務，只要是出自每個生命對至眞、至善、至美的表達，以及對愛的詮釋，都可以存放進這個儲存站。

任何人只要進入愛的儲存站，提取任一項愛與慈心，就是在兌現愛的能量；而當愛流通出去時，就可以從對方那裡收到愛的能量幣。所以，給出或提取愛的人，都是讓愛的能量可以流動的貢獻者，沒有孰高孰低，也沒有衡量算計，中間沒有第三方或可被操控的金錢介入衡量愛的對價關係，只有無條件之愛的交流，傳遞著、持續擴展著。

人們會因爲儲存愛的資糧而感受到生命的豐盛和喜悅，提取愛的能量的人也會因爲貢獻出讓愛流入的空間，而擴大愛的動能。人們不會因爲貪心而過度生產，也不會因爲害怕匱乏而囤積，你們學會取用自己所需，不會隨意浪費。給予愛的能量的同時，也獲得愛的能量，滋養了生命，這樣的循環交換機制讓愛自然流動起來，恢復地球本有的豐盛樣貌。

但如果沒有第三方，這個愛的能量幣要由誰發行？又該存放在哪裡？

每個地球生命身上都有取之不盡的愛的能量幣，只要從心中拿取就有。愛的能量幣是用能量計算，而不是物質界的金錢貨幣，也不須用代幣換算，你們每個人身上這一輩子累積的數量，都儲存在自己的光體裡，那是你們生生世世累積出來的福德資糧。愛的能量交換的過程會擴大施與受之間愛的能量流，超越任何物質上的體驗，你們是無法用物質的對價關係獲得這股能量的。

哇！我沒有想到這會是我的提案，完全超越地球的任何系統了。不過感覺滿有趣的，這樣一來也抽不到稅了，而沒有稅收就無法養活維護國家體制的公務單位和製造及儲存貨幣的金融系統，所以這項提案眞的需要龐大的愛的交流空間，還有幫助彼此配對交流的系統平臺。

愛的連結（圖／ Rachel）。打開心輪的屏障，邁向康莊大道。

你們現在都有手機、網路設備、完善的物流系統，你們用現在的能力就可以做到，加油！這是你的計畫，去實現它吧！

這眞的已經超越目前地球環境的現況，也會招致許多專家的質疑，但仍是值得人深思的一個提案。

第二項工程：開啟新地球天堂的路徑

建立光的連結通道，並讓愛的能量擴展後，你們就可以漸漸打開地球新維度、新次元的航行軌道。你以為在一百五十光年之外的新地球和目前的地球有什麼關係？關係可大了，連結進入新地球的入口，就在你目前身處的地球。這和你從自己的第三眼進入內在宇宙是同樣的原理。你們身上細胞的靈魂DNA會隨著愛的振動打開通往新地球的大門，當你進入自己的內在宇宙時，就會看見新地球的入口；而當愈來愈多人的靈魂意識打開進入新地球的大門時，真實的新地球景象就會在你們提升靈魂意識後展開的具體行動中被顯化出來。這並不是天方夜譚或虛無縹緲的臆測，而是能量共振的具體顯化。

莎雅，我仍然不理解這個原理。你是說，我們在目前地球的位置上可以創造出遠在一百五十光年之外的新地球實相？這是怎麼做到的？

這需要突破你三次元的線性時間觀念才會理解。這樣好了，你現在閉上眼睛，用你的內在意識之眼去觀看整個過程。

（我進入自己的內在宇宙，大約經過一分鐘，頭上出現螺旋雲狀的光團。這個光團慢慢旋轉著，不久，光的顏色從藍色轉變成紫紅色，愈來愈明亮，我的心輪逐漸擴展開來，感覺進入了另一個場域。這時，一個知曉升起，我明白這裡已經是新地球的核心位置，我們在此將自己心輪愛的能量注入，而注入的方式是只要用我們的意識投入愛的能量。

這時，我感受到我們投入的愛的能量正在滋養新地球的核心，成為新地球愛的意識種子。這些種子可以幫助新地球朝向物質體演化，而演化出來的物質比目前舊地球的物質振動頻率更高。）

莎雅，爲何是以人類愛的能量注入新地球？不應該是萬能的造物主，來自更高次元的神，來幫助建立新地球嗎？

這是你們替自己開創的天堂之路。天堂要靠你們人類自己打造，不是別人或別的神，是你們創造出自己的新天堂。

正是因爲你們尚未進入揚升軌道，才會生生世世在三次元的地球練習場輪迴，能夠回到源頭世界的靈魂意識愈來愈少。現在必須教會你們打造自己的天堂，而這裡不但將延續人類累積數百萬年的智慧，繼續深耕新地球，還可以創造優於目前地球的文明出來。人類自己與生俱來的愛的能量，就足以再造新天堂。

莎雅，你現在說的是遠在一百五十光年外的新地球場域愛的種子植入計畫，但這如何能幫助現在生活在痛苦中的地球人？我們面臨空氣汙染、生態浩劫、地球暖化、混亂的政治經濟，難道你要我們棄守現在的地球？

不是的，你誤會大了！當你們將愛的能量投射進入新地球的場域，就是在幫助自己目前生存的地球。你們仍是一體的存在，只是展現在不同的維度。當高維度地球愛的種子發芽時，你們目前所在的舊地球就得以脫離沉重的包袱，進入與新地球合一的意識。這是舊地球從物質密度的實相過渡到新意識維度，而新地球經由意識維度延展擴及物質實相的過程。你們仍是一體、互為源頭的存在，當你們兩者合而為一時，目前的舊地球就順利揚升進入新軌道而重生。

你回想一下，這是不是你的靈性父親在創造的能量流那一課所教你的？用意識將一顆能量球投射進入量子宇宙，這顆能量球會繼續運行擴展，直至顯化在物質實相中。你現在用意識進入這個新地球場域，注入愛的種子，未來這顆種子同樣會在你目前的舊地球上顯化出枝繁葉茂的榮景。

現在是時候讓你們理解，只有人類自己才能再造自己的天堂，你們就是神在地球的代表啊！

喔！我終於了解了。那麼，要如何才能準確地讓意識進入新地球？我剛才怎麼做到的，連我自己都搞不清楚呀。

很簡單，我們來複習一遍。

練習：開啟新地球天堂的路徑

1. 用第三眼連結上自己的晶體。
2. 對自己的大師和導師們說：「請帶領我的意識進入新地球。」
3. 第三眼跟隨著你的大師和導師的帶領，向前方移動，穿越宇宙時空。當你感覺到停止下來、不再前行時，就已經到達新地球的核心意識場了。這裡就是儲存地球愛的種子意識的場域。
4. 將你的心輪擴展開來。擴展的同時，你第三眼的振動會持續將你身上愛的能量投射出來，注入新地球。
5. 大約三分鐘，就完成一次愛的能量注入。
6. 與此同時，你也已經將愛的能量注入目前你所在的地球母親的核心位置，這是一個同步的過程。

7. 結束前說：「感謝地球母親無條件的愛滋養大地和我的身心，我謹以此愛的能量回報，並延續母親給予地球的愛。」

第三項工程：傳愛下一代——阿乙莎未來學校

目前地球因爲功利主義及階級教育制度，讓孩子的心封閉起來。他們在學校學的是競爭和資本主義運作法則，許多孩子爲了滿足父母和社會的期待，扭曲了自己的人格特質。你們必須重新教育孩子們去愛，愛天地萬物，愛不同於自己的種族及地球上所有的生命。你們要在教育的每一個環節讓孩子體會愛的眞諦，不要再用孝道和社會約定俗成的框架，綑綁住孩子與生俱來的愛的能量。

這要如何做？

阿乙莎未來學校（圖／ Rachel）。

就從你們的教育著手，鼓勵孩子勇於表達自身愛的能量，那是孩子尚未學習語言文字之前的身體語言。用心觀察新生的孩子如何回應周圍環境，當你們用愛和溫柔的語氣對孩子訴說床邊故事，他們有多安穩；而當你們夫妻吵架，煩惱公司和家裡的事情時，孩子是如何躁動不安地哭鬧。用愛去照顧和養育你們的下一代，他們將會幫助地球恢復愛的振動。孩子是宇宙派來的天使，是來協助地球人類回歸銀河系的使者。

第四項工程：播下愛的種子——培育新地球的植物王國

你們或許已經察覺到，地球萬物正逐漸滅絕、消失，甚至關鍵的大自然原生物種也正瀕臨滅絕，那是因爲人類恣意破壞大自然，造成能量流動的斷鏈。物種的消逝對大自然來說是浩劫，你們人類都無法照顧好自己了，遑論去照顧成千上萬的大自然物種。這些動植物、海洋生物和礦石都是大自然生生不息運轉的重要成員，缺一不可，當其中一、兩個物種消失，會連帶讓依賴該物種生存的其他族群面臨生存危機。人類無法用心覺察出自身以外的大自然物種是如何支持著自己周遭的環境，是最大的問題根源，因此接下來要做的，是爲大地播下愛的種子。

莎雅，這個播下愛的種子的工作該如何進行？

要讓地球回復初始樣貌已經是緣木求魚，所以現在要展開平行時空的種子移植計畫。許多物種，包含森林動物、海洋生物都具備自我生存意識，可以幫助自己獲得延續下一次生命的機會，唯獨植物界是處在與地球環境超連結的狀態。植物必須經由人類、動物、昆蟲、禽鳥的協助才能遷徙和繁衍，若人類與動物在意識能量的移轉過程裡，未將植物種子一起攜往新地球的振動頻率中，這些植物王國的物種將全部滅絕，連帶讓地球生命重回冰河時期。所以，此時必須喚起人類的意識，將植物種子植入新地球軌道。培育植物王國種子的計畫如下：

「將無條件之愛的意識植入大地。土壤裡的元素會因爲接收到人類播下的愛的意識種子，調整植物現有的DNA結構，讓人與大地連結的能量創造出新形態的植物王國，以符合高次元振動頻率的生存法則。」

這項工程要經由各地的光場匯聚共同意識，來協助調整大地的能量場。當大地接收到更高意識人類調整校準後的頻率，就可以將此更新的能量傳送到植物根部，進而結出不同的花和果實。這些種子所誕生的植物可以協助新維度的地球環境，幫助延續新地球人類和物種的生命。

我不太理解，這樣做的結果是植物果實會有不同的振動頻率嗎？

是的！那也是未來地球孩子的養分來源。這些植物和果實能讓未來人類食用，不虞匱乏。

你是指哪一個地球？還是我們目前居住的地球嗎？

是的，物質體上是的，但維度上會進入不同的軌道，而物種也會因此改變其生存的DNA模組。

了解！你是要我們人類爲自己的下一代預留植物王國，因爲目前的生態環境會被人類自己破壞掉，是嗎？

是，但也不完全如你說的。是人類更新後的軌道需要不同的植物王國來配合，因爲你們氧氣和二氧化碳的供應組成會隨著新地球，而重新調整出新的平衡系統。人類仍然存在，但植物王國的能量來源所依賴的地殼重力將會被改變。倘若植物王國的基因沒有調整，以符合新人類意識的需求，則無法成功植入新地球。

這聽起來工程浩大啊！應該要讓聯合國知道吧？

已經有許多環境工作者在呼籲各國政府保護雨林和維持生態平衡，但尚未達到任何具體效益。還是要人類自己意識覺醒，自動自發來維持自己的生存權，才是根本的解決之道。

你這麼說，我更覺得做不到呀！地球人自私自利，貪欲很重，你要人們爲了植物王國或未來人類去做這件植入愛的種子的工作，我覺得根本辦不到。除非可以利益目前的人，產生經濟效益，創造金錢能量的流動，否則就會變成空談。

我很懂目前的地球人心，我們可以換一種方式說明。有多少農人種植農作物是爲了自己的健康？很少對不對？大部分的人都在計算投資報酬率，栽植農作物是爲了換取金錢的報酬，所以你們投入植物種子和大地的能量都是匱乏、辛苦、貪婪，這樣栽種出來的農作物吃進動物和人們的胃裡，就是惡性循環。你們愈吃愈不滿意，愈吃愈不開心，甚至吃出病來。

現在，只要你們換一種意識狀態，**爲了自己的身體細胞健康和青春永駐，而播下一粒種子，**這棵植物就可以長成你的身體需要的元素。你甚至不必栽種上百種作物，只需要一、兩棵植物，這株植物就能長出你身體所需的元素，提供給你。

你們可以去做實驗，驗證我說得對不對。準備兩顆同樣的種子，分別由不同健康狀態的人用愛的意識栽植，之後再去化驗其葉子和果實的化學成分，你們會看見不同的結果。

喔，這聽起來很厲害呀！但這樣的植物王國不也就變得太亂了，一堆混血兒。

不會的，植物的生物體層外觀是一樣的，但釋放出的能量和元素會有所不同，那就是植物情緒體的變化。植物的情緒體可以幫助人類和動物。

當種子經過人類的意識產生共振時，這棵植物自然而然會產生符合你身體需求的振動頻率，幫助你的身體產生和諧振頻。像合音天使般，你和植物的和鳴會讓你們彼此之間產生和諧共振的能量流動。

這很有意思，一舉兩得。我們將愛的意識投入植物種子中，植物不但利益我們的身體，還可以繼續繁衍出得以滿足世世代代人類需求的植物王國。

是的，人類過去就是如此用愛代代繁衍的。而在人類自以爲聰明地大舉使用ＡＩ和基因工程，以滿足人心的物欲和貪念的此時此刻，需要你們自己重啓愛的工程，再造新地球。

第五項工程：穿越平行時空，當下回到愛

你無法在原有的規律生活中開啓連結天地之間的能量流動，最有效的方式是帶著自己的意識進入當下的旅程。只有進入當下的瞬間，你才能幫助自己和我——地球母親——取得連結。沒有經歷這個過程，你的所做、所思、所想仍是鎖定在小我創造的虛擬實境中。你不知不覺地在自己的虛擬時空度過一生。而當你帶著自己去如實體驗當下，你將重新和我——地球母親——以及生長在地球的所有生命取得連結。

這項工作需要每一個人自己去打開這扇平行時空的大門，親自去體驗。有很多方法可以幫

助你跳脫以往的生活框架和屏障，而旅行是引導自己進入最好的方式。然而，這次我要你去體驗不同以往的旅遊方式……

＊　＊　＊

（和莎雅的這段傳訊溝通到此暫時中止，我忙著陪伴即將考大學的女兒，也沒有特別在意莎雅說的「不同以往的旅遊方式」是什麼。然而，就在女兒大學學測結束、分發之後的短短一個多月時間，我老公已經把暑假的行程搞定。這次是去阿拉斯加，我們的郵輪旅遊初體驗。

在前往阿拉斯加的郵輪上，我打開與阿乙莎的連結和對話……）

我：阿乙莎，西方國家發展的郵輪觀光讓我感到無比興奮。超越國家的疆界，以更大的格局和世界觀，結合海陸空旅遊和多層次的活動交錯安排，我在此感受到物質豐盛帶來的美好。這景象讓我困惑了。或許是受到宗教和聖賢的影響，我總覺得，體驗豐盛的物質享樂是否和超越物質進入內在靈性生活背道而馳？我們可以將這兩者融合在一起嗎？

阿乙莎：你在此看見的豐盛物質體驗，其表象之下正是內在靈性昇華後的鏡像。這也是地球的實相之一。你會明白，靈性昇華絕對不是空談，沒有跳脫人類既有刻板印象的框架規畫出來的行動方案，就只是被小我設限的產物。當你體驗到超越以往想像的旅遊時，你會看見這是另一種內在意識的覺醒傳達出來的美麗盛宴。這些精心規畫的航行路徑、硬體設備、船上風光與岸上活動，精心設計的聲光表演、美食饗宴、科技應用，以及住宿與行程的安排，都是人類絞盡腦汁，爲了融合不同種族文化與傳統，而呈現出的超越任何單一國家民族所能想像的極致旅遊體驗。

船公司的企畫人員運用地球母親天然的地形地貌、大海的豐饒資源，打造出最極致的海上巡航享樂。當你順利走入自己的內在宇宙，挖掘出自身內在寶藏的同時，你要如何與這個世界交融、接軌？你當然需要創造一個中間媒介，這個媒介就是你的更高意識創造的產物。你必須創造一個媒介，讓所有人可以理解和進入你所感知的世界，讓人可以親身體驗你的內在意識看到、感知到和想要表達的一切，以人們可以理解和接受的形式，帶著他們從身體的感官連結進入內在的心靈，進而由外而內地轉化人類僵固的思想和小我的自我設限。

透過這個如實的親身體驗去展開你們自己，共同創造出未來世界的樣貌。旅遊是最能表達人類意識融入身體體驗的活動，也能被人們傳頌和延續到下一代的生活。

我：所以，我目前用文字來傳達我內在的感動仍然不夠？

阿乙莎：當然。文字只能傳遞頻率，但一個人的內在轉化必須經由身體眞實的體驗，才能眞正內化進入他的精神體。這種創造體驗的傳遞方式，遠比文字更容易讓人全然理解。

我：我正在船上體驗前所未有的旅遊感受，眞的有種脫離現實的感覺。

阿乙莎：你已經進入船上的另一個平行時空。

我：啊？我進入了平行時空？怎麼回事？

阿乙莎：此時此刻，你搭乘的這艘郵輪正航向地球的某個地方。這個搭載著四千多人的移動城市並不影響船上的人自由行動，每個人都可以針對自己的需要，在同一艘船上構築自己的人生體驗。

船上有不同類型的飲食任你挑選，每個樓層此時此刻都在上演不同的動態或靜態活動，而船艙內有許多人正在扮演自己在此的角色，有船長、船員、船公司行銷人員、廚師、服務生、清潔人員、商店經營者、銷售人員、安全維護和醫護人員。現在我要問你，若將這艘船看成自己的公司或國家，你會感到憂心嗎？

我：不會。我只是遊客，怎會擔心？

阿乙莎：爲什麼你在這艘船上不擔心，在自己的家裡或國家反而感到憂慮？

我：因爲在家鄉和自己的國家，我有很深的命運共同體連結感，總覺得子孫的幸福和國家未來的興衰，自己有責任。在這艘船上，我就是個遊客，阿拉斯加只是我人生的中途站，不是此生的終點；然而，家庭和國家的未來會決定我人生的終點，所以我才會感到憂心。

阿乙莎：你自己講得夠明白了。你有看見自己的思想創造的框架和迷思嗎？對永恆生命而言，臺灣或你此生的家庭也只是你靈魂的中途站，當你放下對「終點站」無意識的恐懼和迷惘時，就能盡情體驗當下這艘船帶給你的一切享樂，不是嗎？

我：確實，我們對未來有著無意識的恐懼！我們無時無刻不在想著要如何變得更好，也一直在懊悔和回憶過去，正因爲如此，我們無法好好享受和體驗當下的旅程。

阿乙莎：了解之後，你是否應該換個想法過日子？現在仔細觀察船上的各種角色，你想扮演船長、船員、服務生、活動企畫、表演家、廚師、維修工作者，還是遊客？

我：喔！遊客是最輕鬆愉快的啦，可以盡情享樂啊！

阿乙莎：你目前是這樣想，但若你還要待在這艘船上五十年，或是即使離開這艘船，仍會進入另一艘船，你還是這麼認爲嗎？

我：喔！那我應該不想繼續過吃喝玩樂的日子。有了足夠的體驗，我會想開船公司，再多造幾艘船，創造更多的遊戲和體驗方式，讓大家去享樂。

阿乙莎：很好！經由這次旅遊，你似乎更接近原本設定的生命藍圖了。先盡情地玩樂吧！

（結束和阿乙莎的對話，我走出臥艙，看見廊道上有個大大的螢幕，上面有個「NOW」

的指標映入眼簾。我們只能從當下這一刻，去找出目前船上有哪些活動正在進行。沒有從螢幕上的「NOW」出發，我們就會在船上迷失了……）

沒有終點站，只有當下的桃花源

我：阿乙莎，莎雅曾要我去體驗不同以往的旅遊方式，難道這一次的旅遊早就在我的人生劇本裡排定了嗎？

阿乙莎：你以爲這一切都是突發的嗎？或者，你還認爲人類只能用自己的小我去創造自己所需的體驗？

我：我還是不能確定。難道劇本早就編好，我們只是照著劇本演出的演員？

阿乙莎：你現在無法想像沒有劇本，演員要如何演出自己的角色和發展劇情，對不對？現在，換個角度去看這個問題。若你一出生就已經擁有完整的劇本，而眼前你遇見的所有人事物都是表演者，你是握著劇本的導演，是否有點感覺了？

我：等等，讓我理解一下。是我自己驅動身邊所有人事物照著我手中的劇本演出，而我身在其中卻不知道劇情？

阿乙莎：你當然擁有劇情。這劇情是根據你身上的劇本排演的，只是你看著戲的流動過程，已經忘記自己正在導演這齣戲。

我：是我入戲太深，忘了劇本？

阿乙莎：是的，就是這樣。

我：那如果我可以記起劇本，會發生什麼事？

阿乙莎：所有的演員就會消失，沒有戲了！

我：那沒戲了，我會在哪裡？我手上的劇本不就沒有意義了？

阿乙莎：你的劇本還在，只是當你憶起時，就可以進去改寫劇情，換不同的角色來演。

我：能記得劇本有啥好處？我要如何憶起自己的劇本？

阿乙莎：當然有好處。你會更清楚，不浪費自己的精神去重複演出同樣的戲碼。還有，你可以跳脫原來的環境和小我的框架，進入另一個平行時空。

我：那要如何看見劇本？

阿乙莎：你已經看見了，不是嗎？

我：沒有，我還沒看見終點，未來仍是未知數。

阿乙莎：看見就沒有尚未發生的事情了。只有當下的覺知，就在當下。你在，你就看見了劇本，也就能停止劇情上演；你遇見的人事物在你臨在的當下不復存在，不論是你的敵人或愛人，都不在了。你的世界進入全新的開端。

我：這太弔詭了！那個「在」的瞬間，我周圍的人事物就「不在」了，那我到底要在還是不在？

阿乙莎：你的物質身體在你臨在的瞬間，就消失不在了。

我：我不懂這個邏輯。人類在這個地球上代代相傳，所有人都生存在地球上，有個自己看不見的劇本，那些我們認爲已經離開人世的人，肉體不在了，但精神仍在，仍留在子子孫孫的心中，這樣也沒有什麼不好啊？

阿乙莎：當然，這是你已經滿足於現狀的想法。但是，你知道現在地球上有多少人不滿於現狀嗎？超過半數的人類活在不滿現狀和匱乏的狀態中，這些人如果可以停下腳步，看見自己是如何被自己誤導，對整體人類的文明和傳承會有幫助的。你們需要傳承的是精神意識，而非只是生物體的繁衍。

回到當下，就能覺照自己的劇本，你身邊的人事物頓時對你的人生劇本失去意義和控制。我要再次向你說明，「當下」可以爲人類帶來無窮的力量，爲你打開平行時空的桃花源。你必須先將當下與時間的觀念切割：當下指的不是此時此刻，也不是這一分這一秒，而是你的覺照出現「光」的瞬間。這個光會褪去你的世界的陰影，你無法再看見光影下有形有相的世界；你的肉眼無法捕捉到這個光，它是存在你的意識裡。當你進入臨在當下的狀態時，你的覺照之光被打開，這道光讓你明白一切。原本晦暗不明的光影創造的景象瞬間消失，那個覺知照進你內在宇宙的瞬間，就是你回到當下的時刻，你還原進入最初始的狀態。

在阿拉斯加這段旅程中，你看見美麗的景象矗立在前方，以爲這是地球母親渾然天成的美，但你的肉眼能看見它最初始的樣貌嗎？不能！是吧？你現在只看見商店林立，滿坑滿谷的觀光客無意識地吸吮著人工雕琢後的景致，那些人們自己的創造物遮蓋了地球母親原本的美麗容顏。

現在，將眼睛閉上，打開你的意識之眼，讓覺照之光進來，你會感受到完全不同的景象。

我： 我來試試。

是的，我看到老鷹在天空中展翅翺翔；海水湛藍，鯨魚噴射出高高的水柱，現出彩虹；遠處的山坡有許多棕熊和小熊正在覓食，空氣中傳來鳥語花香，蝴蝶飛舞著，被白雪覆蓋的遠方山頭上反射出黃色的光芒，眞是人間天堂。這是阿拉斯加最初始的景象嗎？

阿乙莎： 是的！當你回到當下，進入覺照的瞬間，你眼前的上千名遊客、停泊的郵輪和遊艇，還有喧鬧的汽笛聲都消失了。你肉眼底下的世界完全不存在，你現在還會懷疑自己當下的臨在是否眞實存在嗎？

我： 是啊！就像穿越進入了平行時空。

我數天前還在臺灣，那時呈現的是一種讓人憂心的紛亂景象；但是當我搭上這艘船，此時此刻我已經進入和臺灣全然不同的時空。現在祢讓我用內在之眼去觀看眼前的景象，這些人類創造出來的實景居然消失了，我彷彿走入了人間仙境。阿乙莎，祢似乎在告訴我，當下才是眞的，目前我眼中所見未必眞實。不過，這些景象此時此刻正與我交流啊！我正在眞實地體驗、與之互動，不是嗎？

阿乙莎：你們隨時可以切換頻道，進入不同於眼前景象的時空，不論身在何處，都可以穿越物質世界的假象，進入永恆存在的宇宙。剛才你看見的阿拉斯加最初始景致依然存在，只是你們選擇進入不同的物質體驗中，與這個原已存在的時空交疊；而當下的覺照可以帶你們穿越眼前的假象，回到最源頭的振動裡，那裡有天堂美景，也有眞理和智慧。

穿越時空，讓愛流動

我：阿乙莎，我不明白，我們誕生在此，不就是要去融入當今的現實世界，祢卻要我去找回最初始的面貌，用意何在？我們只能往前走，不能回頭啊！眼前我看到的郵輪、碼頭都已經是具體存在的現實，我無法不去參與，視而不見。

阿乙莎：孩子，我並沒有要你忽略今日的地球和你眼前所見的實景，相反地，我是希望給你一條找回眞實之路。當你穿越物質的假象，覺照在當下就可以帶著你快速通關，進入最初始的完美平靜瞬間。你們之後會需要用到這個方法，因為當外界的變化愈來愈快，人類已經無法再滿足於物質創造的極致享樂時，這是一條帶你們回到源頭的道路。

我：謝謝祢，阿乙莎，但這似乎已經脫離我目前的現實。對還沒有準備離開現實的人來說，這不是個好建議吧？

阿乙莎：你們不是一再追求更新穎的體驗嗎？這是一個新的選擇。看見當下的世界是人類必須學習和憶起的技能，只有進入當下，你們才能逐漸學會讓地球回復最初始的愛的和諧振動、回復最初始的美麗！我希望這趟旅程可以讓你真實地體驗當下。你們隨時可以選擇進入不同的時空去體驗地球生活，這一次的旅程只是開端，接下來，每一天你都有機會選擇你想要體驗的頻道。經由更有覺知地選臺，你們可以活出全新的生命樣貌。

選臺器就是你們每個人有意識地校準內在更高意識，去創造全新的地球體驗。過去在物質開拓階段，這些虛擬實境的體驗無法讓你們立即感受和體驗，但現在透過旅遊和許多物質載具，將你們的身心靈直接帶進不同的地球實相中，這已經不是遙不可及的夢，只是多數人仍活在線性的時間和僵固的框架中，無法脫離現實而自怨自艾。當你想要切換體驗的頻道，可以自由地創造和切換，還可以透過當下的覺照意識，帶領你穿越平行時空，進入宇宙最初始的桃花源。

我：我覺得人類無法瞬間跳脫現實。若我們沒有訂下旅程，沒有足夠的旅費，沒有閒暇時間可以空出來，怎麼可能創造這種平行時空的體驗？

阿乙莎：孩子，你總是將自己限縮在物質的控制下。你難道看不見，當你決定拋下手邊的工作，那個瞬間的釋放就可以幫助你轉進不同的實相中去體驗了？重點在於「當下」你允許自己跳開熟悉的生活場景。那個「允許自己」是打開生命的另一道門，當你進入那道門，自然而然就會找到進入那裡的遊戲規則和交換方式。

你自己回頭看看此時此刻郵輪上面的人，每個人可以選擇自己的航線、旅遊公司、價位、艙等、上下岸的港口，連每一天要吃什麼、玩什麼都可以自由選擇，有計價方式但完全不用帶現金、找零錢。這是不同以往生活的新世界、新體驗方式，就在你們生活的地球上演。這裡是由人類共同創造的虛擬實境，你即使進入這裡，仍可以自由選擇，所以每個人在此又創造了自己全然不同的體驗方式。

允許自己打開另一扇門。若你擔憂工作、金錢、食物、氣候、身體能否適應、語言等種種問題，你只是又被自己的想法困在自我設限的牢籠裡；如果你願意敞開心去交流和體驗，絕不會感到匱乏。每一個人都是帶動能量的種子，而每一顆種子發芽生根的過程都會被宇宙無條件的愛滋養，只是人類自己的恐懼阻擋了這股愛的能量流動。

我：我相信很多人都會想去旅遊，也願意打開門去體驗，但沒有足夠的資糧去購買門票，怎麼可能登船？

阿乙莎：孩子，「信任自己有足夠的資糧」和「看著存款簿對自己說不可能」，就是兩者之間的差別。你足夠信任自己可以得到宇宙無條件的愛，相信宇宙無條件的愛永遠會支持你去做任何你想要的體驗嗎？

我：我之前沒有這樣想，我也得先查價目表，再檢視自己的荷包才敢行動的。

阿乙莎：好吧！就算你誤打誤撞給自己打開了這扇門，又正好有足夠的資糧去體驗好了，你有沒有想過，這個邀請是怎麼來到你眼前的？

我：朋友隨口說他們要去阿拉斯加玩，然後我們也很想離開煩悶的生活，就進一步去行動，安排了這趟旅程。

阿乙莎：孩子，你朋友的隨口說，正是來自宇宙的邀請，透過朋友不經意的話語傳達給你，你也因爲這個來自宇宙的邀約正符合你內心的「期待」，而一拍即合。是你先允許自己打開一扇門，做出切換頻道的行動，才能順利走入郵輪上的平行世界。

「相信自己」的意念可以讓宇宙給你恰恰好、最適合你的安排，而因爲這一切都是由你發出的請求，你得以順應能量的流動，讓其引領你去擴展你需要的體驗。再次提醒你，宇宙只能回應你愛的能量，無論你如何爲它貼標籤，或將之化爲任何物質形式的證據，回歸到原初的本質，那依然是愛。

進入平行時空的更多選擇

阿乙莎：你的意識可以帶領你進入各種不同的體驗，跳脫你原本自我設限的時空。回到當下的瞬間，就可以讓生命創造全新的體驗。

除了旅遊，還有許多方式可以幫助你跳脫原有時空，回到當下的連結。你可以練習動態舞蹈靜心，讓肢體跟隨著音樂旋律自由擺動。你的心識會順隨肢體的律動逐漸同步，讓你進入另一個平行時空，天地之間只有你與自己的更高意識同在。

另一種方式是與大自然和鳴，隨著蟲鳴鳥叫等大自然的聲音一起歡呼高歌，你身體發出的音頻就可以帶著你超越限縮的時空，進入與高我同在的平行時空裡。

我：這些讓自己穿越平行時空、回到當下的練習，和啟動地球之愛的工程有什麼關係？

阿乙莎：孩子，你若無法與天地同在，如何能將愛的能量帶給自己和這個世界？你們就是天地間的種子，種子發芽的過程需要大地的滋養和日月精華。現在人類即將發芽，進入揚升的階段，若沒有能力讓自己跳脫禁錮種子的窠臼，重獲天地間的能量流，你的愛就無法被滋養茁壯，更無法回饋給自己和這個世界。

第六項工程：讓愛向上延伸，向下深耕

這項工程對你來說是無法想像的情景。

是的，莎雅，我真的不懂如何讓愛向上、向下移動。

這就是人類祖先傳承下來的敬天愛物，只是在過去的教導中，敬天是向上帝和神明祈請膜拜的儀式，然後人類經由創造活絡的經濟活動，試圖展現愛物的文明景象。

在下一世代，你們需要用自己的身體傳達愛的能量給宇宙。

啊？和身體有關？

是的，愛的能量一旦進入發芽的靈魂意識裡，你們的身體本身就會攜帶光和愛，凡是你意念所及，就是光的延展，你的行動就能將愛的能量灌注給大地。

我不太明白，這是點石成金、心想事成之類的表現嗎？

不是那種在物質層面的顯化而已。你們的意念向上投射到自己的靈魂晶體殿堂時，就會讓

愛的振動與光的世界同步校準。校準後的光產生的振動頻率會引導你們去做出利益全體人類和地球的慈心行動，這些慈心行動就可以幫助將愛的能量灌注給大地。

莎雅，你可以將這個項目具體化嗎？我比較習慣企業的語言，有明確的目標、步驟和行動方案，你這樣描述有點虛無縹緲，我不知從何著手。

好吧！給你更明確的做法和步驟。用你習慣的語言來講，就是……

1.穿越小我認知體系。
2.用意識連結高我。
3.與高我同頻共振，產生行動的欲望。
4.跟隨欲望，做出具體行動。

就這樣！

這不就是我天天和你們一起做的事？每天早上連結，寫下我們之間的對話，就這樣日復一日地進行著，然後……等等，我突然回想起我剛完成一個月的旅程，難道這就是我和你連結後產出的具體行動計畫？

沒錯！你終於搞懂了，愛就是這麼自然地展開連結。將愛的能量向上校準連結後，你就會得到深耕大地的行動指南。你在當中不會有資源不足的問題，也沒有時間配合不上的困難，所有讓你無法成行的干擾都自動退去，如此輕而易舉，你就完成了這趟五十多年來你從沒在地球上嘗試過的行動和體驗，不是嗎？

說得也是！這趟旅程原本也不在我今年的計畫裡。原來如此，太美妙了！

這就是讓愛向上延展後，向下深耕的過程，由愛的能量帶領你的身體做出行動。你是以輕鬆、毫不費力、資源充分到位、水到渠成的方式完成此次身體的工作。

謝謝你讓我親身體驗這趟旅程。不過，我的身體確實享受了一場豐盛的饗宴，這和幫助地球哪會有關係？我並沒有幫助解決地球日益暖化的氣候危機，也沒有解救任何瀕臨絕種的動物啊。我只是吃喝玩樂而已，眞不好意思。

誰說幫助我——地球母親——要用痛苦嚴肅的方式？你們背負著沉重的歷史包袱，這樣做才是違背造物者的本意。

人類是來地球創造和顯化愛與美好的種子，當你經歷了一趟愉快的旅程，你雀躍的心輪散發出的愛的能量就已經滋養了我（地球母親）。想像一下，看著自己的孩子喜悅快樂地生活著，爲人母親的你是否就同感快樂和滿足了？這就是我要你們在創造新地球的過程中表達出來的身體能量和振動頻率。擺脫恐懼、匱乏、自怨自艾、愧疚和自我貶抑的心，當你們生活在喜悅中，才能幫助地球脫離舊地球的沉重包袱；你們經由釋放身體細胞愛的能量，讓新地球得以誕生。這就是「讓愛向上延伸，向下深耕」的意義。

第七項工程：為地球祈福

你或許會覺得奇怪，爲何要爲我（地球母親）祈禱，是不是？

嗯！我以爲你已經擁有至高的神性意識，和宇宙緊密連結著，我還眞不能想像你會有自身難保的一天！

孩子，我是有血有肉的物質存在啊！只是你們忘了我的存在，還口口聲聲喊著救地球，卻從不停止傷害我的行爲。你們從未眞正將能量投入大地，只是在防衛自己，損耗我的身體和能量。

爲了防堵我在感冒咳嗽和病痛襲擊我的身體時，影響到你們的生命財產安全，你們建立日益龐大的保險體系，但過程中，你們從未將投入的保險金用來保護和照顧我的需要。你們付錢給保險公司，只是希望自己在遭受我的傷害時仍能繼續好好地活在我身上，不是嗎？

莎雅，你這麼抗議，我完全能理解。非常抱歉，我們人類確實太自私，你無條件地養育我們這麼多年，我們卻一個個成了敗家子。對不起，謝謝你，我愛你，這些年來讓你辛苦了！

孩子，我並不是要向人類討公道，博取你們的同情。我要你們爲我祈福，是爲了幫助你們活在一個更健康、更安穩的環境裡，因爲我上方的磁柵已經充斥太多人類製造的垃圾。戰爭、掠奪、恐慌、宗教或民族的抗爭，人類製造的負面情緒已滿滿堆積在地球磁柵中，我希望經由你們自己重新投射出光和愛的振動，將覆蓋在我身上的黑色淤積清除。

當你們共同投射光和愛給我時，我的磁柵記錄器就可以重新消磁，挪出更多空間，重新校準宇宙光的世界，然後將能量灌注回到你們人類賴以生存的地球。這不僅是爲我祈福，更是爲地球上的生靈謀福祉。

當然，這是我們應盡的責任和義務。我們自己的垃圾當然要自己清乾淨，卻一直置之不理，將這項工作丟給你，太不應該了！請你現在就指導我們爲你祈福。

好的，非常簡單。還記得嗎？阿乙莎在和你交流的第一本書裡一開始就提到，要去感知目前的地球怎麼了。就從這裡開始幫助我重新校準宇宙光的世界，一起來祈禱吧！

練習：為地球祈福

1. **身體預備**：身體放鬆，從頭到腳放鬆，進行一回合的暢通脈輪手指操，就可以完成身體的準備工作。

2. **啓動光的世界連線**：輕鬆坐下，呈現金字塔三角坐姿，穩固好身體。接著，讓雙手十指的指尖相對，啓動身體中的靈魂意識，進入連結高我的狀態。

3. **將光和愛注入地球**：將地球放進心輪中，地球順時針旋轉。這時，請大聲地唸以下祈禱文三次：「喔！我感謝光的臨在，請幫助我將無條件的愛投注在我居住的美麗星球——蓋婭。請幫助我讓來自祢的光和愛穿越我的身體，進入心輪，讓地球母親得以淨化自己，並充分獲得光與愛的補給。」

4. **讓自己和地球重新校準合一**：將地球母親從心輪往下移動（男性身體就將地球移動到太陽神經叢，女性身體則將地球移動到子宮的位置）。這時，讓地球以逆時針方向旋轉，大聲地唸以下祈禱文三次：「喔！親愛的地球母親，我感謝你賜予我寶貴的生命和源頭的能量，請幫助我與你再一次校準，讓我們合而為一，以愛、慈悲和勇氣，共創美麗祥和的新地球。」

5.深呼吸三次。結束。

希望你們可以經常爲我祈福，讓我能以更強健的身體，護佑所有人類和萬物生靈的後代子孫！

＊　＊　＊

我：阿乙莎，關於莎雅這段爲地球祈福的傳訊，我想請問祢，人類給予祝福會有力量嗎？

阿乙莎：讓你們內在善的意識與外界交流，這樣給予祝福是有力量的。無論是對馬路上被輾壓的小昆蟲、對動物，或是對逝去的親人，當你們給予祝福時，就會傳遞出祥和與善的能量，這股能量可以爲所有處在黑暗中不知所措的意識點亮一盞明燈。

給予祝福也能幫助地球轉化磁場，並與你內在的祥和及良善產生共振能量。此外，給予他人祝福也是學習進入無條件之愛的開始。

希望你們可以明白地球和人類是生命共同體。這個概念你們的教科書已經講很多了，但此時此刻爲什麼要再次提醒，甚至要求你們開始爲地球祈福？那是因爲地球磁柵已經受到黑色能量的侵蝕，磁極偏移日趨嚴重。你們目前在這艘蓋婭大船上沒有太大的感覺，仍過著原來的生活，不知未來已然到來；但從宇宙帷幕的另一端，已感受到地球偏離航道，甚至有可能讓這顆美麗的藍色星球從銀河的軌道上消失。地球母親必須召喚具有覺醒意識的光之工作者，開始爲地球祈福。

透過莎雅傳遞給你的這個祈福做法，就可以很快地讓宇宙的光和愛經由你們的身體與地球校準，然後注入地球之心。男性的太陽神經叢和女性的海底輪是造物者賦予人類最初始的陽性和陰性力量儲存站，當你啓動心輪，與光的世界合一，就可以重啓最初始的生命之流，使其進入地球之心，讓地球母親獲得自己孕育出來的生命的反哺與滋養。

你們每一位光之工作者的身體就是神的廟堂，當你啓動、點燃自己的廟堂，連結高我，就會讓光照耀地球，使光和愛幫助地球母親校準銀河軌道。這項看似簡單的儀式卻至關重要，希望你們正視它，並展開行動，重建自己居住的家園。

第八項工程：身體重新校準

人類因爲長久沉溺於小我創造的虛假平衡中，讓自己的身心禁錮在民族、宗教、社會等集體意識的牢籠，以致身體細胞漸漸失去與天地校準融合的能力。現在，爲了引領新地球的誕生，你們必須重新啓動身體的智能系統，創造新的身體平衡機制。

爲了排除細胞的沉痾，讓細胞組織重組結構，以支持新意識的誕生與融合，你們的身體細胞會經歷一段陣痛期。整個調整和適應大約需要一個月，過程中，你們不必憂心身體上的轉化造成的短暫生理性或內分泌失調。在此期間，你們可以用磁化水輔助身體，加速排泄與淨化體液。

除了之前提到的自製調整身體五元素具足的能量水之外，在此另提供一個製作飲用磁化水的簡單方法。

練習：製作身體細胞需要的磁化水

這個方法可以將水晶吸收的日月精華釋放於水中。

1.將水晶靜置於太陽和月光下一整日。
2.將在太陽和月光下靜置一整日的水晶浸泡在飲用水裡二十四小時，然後取出來。此時，水晶的振動頻率已經將水調整成經由此水晶吸收到的日月精華的能量。這就是可以直接飲用的磁化水。
3.重複步驟1和2，製作磁化水。

你們可以如此循環交錯地製造自己身體細胞需要的淨化水。至於水晶的選擇，就跟隨直覺，你的身體會告訴你當下需要運用哪一種水晶的振動頻率，來調節自己的身體。

此外，相較於以往，此時對洗澡和沐浴會有更大的需求。白天和晚上各以淋浴的方式洗滌自己的身體一次，讓水的流動幫助身體細胞與水共振。

如此大約經過兩週的時間，你們就已經可以漸次脫離身體調節的適應期，進入全新的細胞生長期。身體重新校準天地日月的能量之後，你們會感受到全身細胞如嬰兒般重生，身體組織會回復青春與活力。

莎雅，我怎麼知道何時會進入這個細胞重新校準期？這是自動發生的，還是有特別的儀式？

你們自己的高我意識與你們連結一段時間之後，身體智能系統就會自動進入重新擴展調整的階段。之前的工作項目不斷要求你們允許自己超越小我設定的框架，進入自己的平行時空，讓你們得以經由松果體接收到更高意識的振頻，啓動身體細胞智能，讓新的意識帶領身體進入擴展與重新校準的工程。

除了用水元素幫助身體調頻，讓細胞重新校準宇宙之外，也可以透過「愛的合一」團體練習，幫助所有人更快連結進入宇宙無條件之愛的振動裡。

團體練習：愛的合一

1. 圍一個圓圈。請確認和你連結的人的位置，接下來要與對方進行愛的連結。
2. 將意識放在自己的心輪，現在從心輪出發。
3. 向上連結位於自己眉心後方一吋的第三眼（松果體）。
4. 將意識移向對方，從對方眉心第三眼（松果體）的位置進入。
5. 向下進入對方的心輪。

6.現在請感受有一股來自你心中愛的能量，正從你的內心擴展出去，與對方一起流動。

7.接著，請你們兩個將心中的愛繼續往自己的左右延伸，讓在場的所有人在愛中融合。

8.現在閉上眼睛，感覺自己心中的愛正繼續滋養，並擴展開來。

9.接下來，祈請靈性母親進入自己的心輪。若不知道自己的靈性母親是誰，沒有關係，就直接在心中默唸：「請我的靈性母親進入我的心輪。」你的靈性母親神聖的光會出現在你第三眼的中央，當她緩緩進入你的心輪時，你將感受到無條件的愛的能量充滿你的心輪，並持續擴展開來。現在，讓這無條件的愛繼續延伸到整棟大樓，穿越屋頂，擴展到整個城市，跨越溪流，向上、向下、向東、向西繼續延伸到整個臺灣，再穿越臺灣海峽、太平洋，包覆整個地球。（停頓數秒，感受這種感覺。）

10.現在讓意識回到自己的身體中，向下穿越海底輪，讓這股愛的能量經由你的雙腳流向大地，滋養地球母親，再延伸進入地球之心。

11.接下來邀請靈性父親進入你的心輪。若不清楚自己的靈性父親是誰，沒有關係，就閉上眼睛，觀想一道金色的光從你頭頂流瀉而下，從你頭頂上方通過頂輪，往下經過眉心輪、喉輪，進入你的心輪。

12.現在你和靈性母親、靈性父親共同存在你心中，合而為一。你正式向宇宙宣告：你是合一的意識，你的身心靈完整合一，你已經回到靈魂的家，重獲生命的滋養與寧靜。讓這合一意識照顧你在地球的身體和心靈，達到和諧與平衡，幫助你排除情緒和業力的干擾。你的意識再次擴展和提升，你就是合一的光的存在；神就在你之內，你也在神之內。

13. 結束時，感謝阿乙莎護持你們完成愛的連結，幫助地球母親獲得愛的滋養，並與宇宙之心再次校準。

第九項工程：散播無條件的愛

莎雅，你不斷重複「愛的工程」，我有點應接不暇了……

這是人類重新擴展和校準自己的身體之後，用新的意識頻率展開的愛的行動。以更高振動頻率的愛來滋養的，不僅僅是你們居住的地球，還廣納地球上的萬事萬物，其中也包含愛你不愛的一切萬有。

這個工作說起來輕鬆，要做到卻非常困難。即使你已經深諳這個道理，卻依然無法付諸行動，動不動就把自己包裹起來，用備戰和對立的姿態，對付你不喜歡、不想要、不認同的世界。

愛的合一（圖／ Rachel）。和靈性父母合一的愛的能量，可以療癒自己、療癒他人、療癒事件，容納一切和你不相容的存在，共創愛的合一境界。

你以爲這個世界因爲你們內心有愛，就會變得更好？不是這樣的，你必須信任那些你不認同的不完美展現也是愛，才有可能在自己的家園實現愛。相信他們／它們，也願意與之同行，那是另一種愛的品質；愛你所不愛，才能彰顯無條件的愛。當你們將這種愛的品質傳遞給這個世界，就是活出了新地球的振動頻率；若沒有這項啓動工程，你們依然會回到原本劍拔弩張、弱肉強食、爭先恐後、巧取豪奪，爲了保護自己的利益而犧牲整體利益的惡性循環中。

若你們無法跨越自己內在那個害怕貧窮、擔憂匱乏的鴻溝，就到達不了我爲你們擘畫的新地球家園，那裡是無條件之愛的振動處處閃耀的地方。

到達無條件之愛的品質

阿乙莎：我必須補充一下你這幾天正在經歷的無條件之愛的品質，這是一個非常重要的觀念。

無條件的愛能夠超越物質和小我的意識屏障，是你們連結自己靈魂的最高振動頻率。你們可以透過自己的所思、所言、所行彰顯無條件之愛的品質，來幫助目前的地球轉換軌道，揚升至第五次元。這絕對不是神話，但你們總是被自己的小我拉扯，產生許多質疑和困惑。

我：是的！我無法理解莎雅一再強調的「無條件的愛」到底是什麼，那聽起來像是美麗的詞彙，但眞正理解的人並不多，更別提要去行動了。

阿乙莎：你說得也沒錯。以前你們的先聖先賢在地球上展現的愛，現在的人都當成神話故事，你們已經不願意去理會，也無法實踐，因爲你們總是以爲無條件之愛的背後有著犧牲和失去，那些行爲會減損你們的既得利益，甚至失去性命。就連你自己曾在此貢獻的無條件之愛你也都遺忘了，是不是？

我：是的，在我們這一世的有限記憶裡，前車之鑑總是讓人學到好人不見得有好報，壞人會繼續存在這個世界，沒見到他們被懲罰。從小到大，我只看見父母對子女的愛是無條件的，除此之外，很難看到一個人可以為了他人，甚至為國家民族無私奉獻出自己，更別提為了不相識的人給出自己無條件的愛。

阿乙莎：孩子，你無法從字面意義去理解無條件的愛可以到達的境界，只能透過身體力行去領會你最高意識源頭展現的能量，那是和天使之愛同頻共振的狀態。你無法用想的，必須去領會。

我：我要如何再去領會那種愛？

阿乙莎：你剛才提到父母對子女的愛的品質，你可以用這個方式進入合一意識。當你和靈性父母合一，你心輪的振動擴及任何對象時，去看看那無條件的愛如何展現它的力量與神奇。

我：好的，我試試看，請祢帶著我一起做……

阿乙莎，我剛才居然看見耶穌的晚餐景象。耶穌正和門徒共進最後的晚餐，他明白自己將死，內心卻沒有任何恐懼，反而是他身旁的門徒表情哀傷，充滿恐懼，惶惶不安。耶穌內心非常安定平靜，這時，我看見他的心輪分離出一顆顆能量球，流入身旁所有門徒的心中。耶穌的心化成碎片，融入每個門徒心中，他的愛逐漸填滿所有門徒的心。漸漸地，耶穌已和所有門徒同在，而門徒不再恐懼、哀傷，周圍所有人的情緒黑洞都被填滿。就在此時，我看見耶穌的心完全空了……空掉了！這是怎麼回事？這個場景突然連結上我的靈性父親雷巴特從金字塔頂端墜落，莎雅的心連結著雷巴特一起空掉那一刻。

阿乙莎：是的！你沒看錯，這就是無條件之愛的能量品質，可以移星換斗，自他交換出無所不在的意識，這是將你的愛擴展到無限的方式。只有到達無條件的愛，才能順利開展出「非我」意識；而當「我」與「非我」同在，「我」就不只存在原本的物質身體裡，而是已經在「無所不在」的存在裡。這就是你們擴展了自己的小我至無我的神性狀態。

我：也就是說，彰顯無條件的愛會失去肉體生命，但活在所有生命裡，是嗎？

阿乙莎：可以這麼解釋，但你們並不會眞的失去生命，你可以選擇仍然健康快樂地活著體驗完此次的生命旅程。

我：我不懂。祢剛剛才讓我看見耶穌犧牲性命，怎麼又說可以選擇仍然活著？

阿乙莎：這樣說吧！你們也可以選擇讓自己的意識活在每一個細胞裡，讓身體細胞展現最完美的狀態，那就是將無條件的愛給予自己的方式。你們可以用無條件的愛活出健康快樂的人生。

我：所以，無條件的愛可以無孔不入？可以向外擴展到每一個人身上，也可以反向回到自己的身體細胞裡？

阿乙莎：是的，那個愛的流動方向是由你們的意識帶領的，不論你是向外或向內，都是進入宇宙至高的能量流動裡。

我：這樣我又不太明白了。如果滲入自己的細胞裡，不就是利益自己到了極點，跟剛才失去性命的四大皆空是天南地北的差異啊，一個感覺很崇高無私，另一個感覺是極度自私。祢可以再說明清楚一點嗎？

阿乙莎：愛流向這兩端都是前往「無我」之門，不論你是讓愛流向你之外的人或流向你之內的細胞核，都是被允許的。而且，這在宇宙的觀點並無差別，沒有孰是孰非、孰好孰壞的問題，因爲你們的內在宇宙和外在世界相連，互爲表裡；你們兩端的集中點仍是一體的存在，只是一個存在外在宇宙，一個存在內在宇宙。

內在宇宙即使淨化自身到了極致，也會再走進黑色的外在世界裡，而外在宇宙淨化到極致，也會打開內在宇宙的大門。當你們選擇走入內在宇宙的細胞淨化過程，內在宇宙的平衡和健康也會帶給外在宇宙穩定的力量；若內在宇宙不健康，你們外在的世界就會動盪不安，反之亦然。

我：難怪你最早傳訊時提到，這個世界和我們的身體息息相關，我們是整個宇宙的傳輸系統，也是宇宙之心。

阿乙莎：是的，你們可以自由選擇活在兩種體驗模式裡，一種是以利益自己身心靈爲依歸的生活方式，另一種則是爲了地球整體生命、爲了完善外在世界所有生命體的身心靈，兩者沒有優劣之分，也無分高低好壞，都是值得你們去努力探索的方向。

無條件之愛的試煉

（我在接收這段訊息期間，不知不覺也同步走入蓋婭提到的用無條件之愛滋養世界的試煉。「阿乙莎靈訊」系列作品出版之後，已經有人利用書中的內容授課或製造產品。人們最擅長的複製和利益自己的行為，正在不斷上演，而我眼見愈來愈多以阿乙莎為名的活動出現，內在也不禁升起掙扎：我是否應該制止這些未經我授權、以阿乙莎之名進行相關活動或轉製成高價能量商品的行為？就在我感到困惑時，收到阿乙莎捎來的訊息……）

我：阿乙莎，我今天頭頂一直很重，是祢有訊息要傳遞給我嗎？

阿乙莎：是的！我想要與你溝通一件事。接下來的傳訊工作，我要你將重心放在開啓人類的靈性意識，連結到宇宙源頭意識場。當人們陸續踏上這條路時，你無法控制別人如何與我交流、互動，那會是每一個生命自己的舞臺。他們會綻放出不同的晶體生命之花，如同你見到的大自然各種花草樹木，如此豐沛多元。

你能給大家的，是一條找到我的道路；一旦與我連結，他們產出的語言、文字、圖像都是自己生命成長過程的表達，你無法評斷一個人的回家之路是否正確。因爲連結我而演繹創造出來的一切，你不能據爲己有或當成私人資產，就如同大自然生命是如此無條件地綻放自己的愛。這麼做是要讓你更加明白新世界的運作法則。

我：祢要求我無條件地爲祢所用，又不讓我以阿乙莎之名伸張任何權利？我的時間都用來服務你們了。

阿乙莎：孩子，你有沒有看到自己仍處在地球上的恐懼與匱乏之中？這不是你應該保留的愛的品質。你必須以更敞開的胸襟、更無條件的愛傳遞我的訊息和能量。散播的能量和愛愈多，你能得到的能量回饋愈大。當一個一無所有的人願意無條件地貢獻僅存的一絲力量給這個世界，即使那僅存的力量無法在地球上獲取金錢或登記版權，他仍願意無條件付出全部的自己時，這樣的意圖展現的能量和光芒已經不是任何金錢可以換取的。身上的包袱愈多，你愈無法輕盈自在。我不希望你因爲選擇固守自己手上的破銅爛鐵，而放棄成爲那道光。

我：抱歉！阿乙莎，我明白祢說的，我就是有根深柢固的地球人習氣，祢提醒我要移除這個習氣，我當然會不習慣，但我會練習接受。那麼，接下來祢要我如何做？

阿乙莎：持續記錄與我之間的傳訊內容，讓更多人因這些訊息獲得力量。而你也要願意扶持一路上的兄弟姊妹，大家一起合作，不分彼此，讓阿乙莎的眞理被所有人看見，並展開行動。

我：那關於市場上一些以阿乙莎為名的產品和活動，我是否可以請他們至少不要用相同的名稱？這樣起碼可以減少一些魚目混珠或誤導大眾的說法。我總是覺得不妥，明明有些人的做法已經違背祢真正的意思。

阿乙莎：有何不妥？這會讓更多人可以連結到我。

我：那麼我該如何幫祢把關，確認品質？祢難道不擔心魚目混珠會耽誤更多人的覺醒和慧命？

阿乙莎：為何需要確認品質？即使是失敗的作品，也是包容於一切萬有之中，我就是萬有，如何排拒「非我」？若無非我亦無我，才能到達合一。

我：好啦！我明白，反正我去將阿乙莎登記為商標根本派不上用場。

阿乙莎：不是無用，是非常好用。讓所有人都可以使用阿乙莎，如同自由取用陽光、空氣和水一般，再結合彼此，進行自我探索和創造；讓這個「被註冊」的商標成為無所不在的振動頻率，存在這個地球上。當時機成熟、萬事俱備，我將啓動阿乙莎光源，所有關於阿乙莎的創造就會全數移轉到新地球。那裡沒有公平或不公平，也沒有你的我的之分，一切都是共享資源、共同存在的意識。看到沒？你無條件付出之後，最終就是成為那無所不包、海納百川的存在。

現在的你或許認為這違反了資本市場的運作法則。若是以投資為前提投入自己的時間和勞力，你們就會期待要在接下來的流通過程中回收資本，不然就無法繼續投入。你們絞盡腦汁想讓自己的投資壯大並持續擴展，卻不明白為何總是事與願違？這是因為你們將自身能量封鎖在自己設定的框架和陷阱裡。當所有人都將目光放在金錢與勞務報酬，而不是去看見愛的流動與無條件的滋養時，你們生活的地球就呈現出今日你們眼中所見這種唯利是圖、本末倒置的樣貌，只有能夠獲取金錢收益的行為才會被鼓勵和追捧。你們把自己最重要的愛的能量拱手讓給無生命的金銀銅鐵，封印了自己最寶貴的能量。

人之所以存在地球上，絕不是為了獲取金錢而努力工作，不是的。你會發現許多國家正在從金錢和資本市場的運作中覺醒，會有愈來愈多富可敵國的資本家願意捐出所有財產，為了世界和平與地球的永續而努力。這些資本家在擁有龐大資金後發現了金錢遊戲背後的黑暗力量，他們已經明白坐擁超出自己需要的金錢根本得不到金錢的能量，只有讓金錢再度化為愛的能量流出去，他們自己才會真正得到愛，也才會因此擴展自己的能量。當你們每個人都能看懂資本運作的遊戲，就會驚覺自己居然可以從出生到死亡都輕易活在別人創造的虛擬實境裡而不自知。我希望你們現在開始從另一個角度展開不同以往的行動。

這裡沒有任何人可以驅使或奴役他人提供勞務，所有的交易都回歸到最原始的能量交換。一個人創造了某個物品，拿到市場上去交易時，他只能獲得與該物品等值的能量，一切都剛剛好、不增不減地流動，沒有中間的剝削，沒有不勞而獲，也沒有所謂的利差和投報率。當阿乙莎之名可以讓大家取用，而任何以阿乙莎之名進行的創造也都被允許時，你們自然而然會創造出不需要依賴金錢，也不再以金錢控制他人的交易行爲。當愈來愈多人願意拋下對金錢的依賴和匱乏感時，你們的創造力將會以不同以往的方式展開，你們也會從中找回每個人身上本自具足的能量和光芒，讓每一份來自神的天賦得以自由地展現。

無條件的愛沒有動機和理由

阿乙莎：地球上有許多光行者正在世界各地傳愛，這些光行者就在某個宗教或組織裡，或在世界任何角落。你們展現的愛的能量正在形成地球的光之網格，但由無條件的愛交織的網格並沒有出現在地球上，你們目前仍是分散的光點，在地球各處閃爍。

我：爲什麼經過這麼多年的努力，仍然無法形成無條件之愛的網格？

阿乙莎：那是因爲你們愛的背後的動機出了問題。你們以愛之名行個人意志擴展之實，只能將能量反饋到自己想像的有限裡，無法成就那無所不在的愛的振動頻率；而這些反饋至有限的愛的能量會以重力加速度，導引已經遍布各地的愛的能量反向流入你們自己設下的動機黑洞中，消失殆盡。要讓愛的能量可以延伸擴展，一個重要因素就是要達到「無我」。你發動愛的意識的中心是空的、靜止的，也就是毫無動機和理由的那種無條件之愛，才可以成就無條件之愛的黑洞。

我：爲什麼擴展愛到極致，反而是呈現出巨大的黑洞？

阿乙莎：無我的空性黑洞才可以支持和轉化被愛融解的負面能量，將這些能量全然接收，透過無我的空性黑洞穿越進入宇宙的黑洞，排放出去。你們自身的ＤＮＡ就是一個小宇宙，擁有黑與白的能量，當你將ＤＮＡ的振動頻率拉升至無條件的愛時，無我的空性核心就會吸收所有干擾傳遞給萬有的愛的雜訊，會全盤接收所有負面能量。這個黑洞的擴展是你們創造無條件愛的支持的力量，也就是當你們傳遞愛的動機呈現「無有」時；「無我」的空性創造出愛的振動品質。讓空性去支持一切萬有展現愛的基石。而目前在地球上，你們尚未形成由空性支持的愛的能量網格。你們彼此在有目的、有條件的愛中交錯和學習，仍然會將地球禁錮在三次元的狀態裡。現在你們需要提升並創造出無條件之愛的能量流動網格，幫助自己和地球揚升進入更高的次元。

我：阿乙莎，我終於明白無條件之愛的眞理，但若要讓所有人明白並願意成爲那無條件之愛

無條件之愛的振動（圖／Rachel）。無條件的愛，再造人間天堂。

的發動者，我覺得祢需要提供一個負面的恐懼教導——當然這聽起來會很沒有愛。我覺得如果人類已經沉淪這麼多年都沒有改善，祢難道不應該轉去思考是不是要教導人性本惡嗎？

阿乙莎：孩子啊！去激發人們內心的恐懼，更難以到達愛的振動啊！

我：說得也是，恐懼就是還有我，那個我會恐懼就不是無我了！那麼，祢來教我們如何做到，好嗎？

阿乙莎：只有將無條件之愛的振動融入你身體所有的細胞，讓小我意識消失在身體細胞的意識裡，再深入到每一個細胞的粒子中。你讓愛的能量向內在宇宙無限延伸，當這個愛的振動延伸至你內在宇宙的盡頭，你就成爲那個足以融合宇宙萬有的愛的存在意識。接下來，再將你的光錨定地球之心，就可以展開無條件之愛的網格。

我：這個過程中，小我就被犧牲了嗎？

阿乙莎：不是小我被消滅了，而是小我終於成為與大我不再分離的合一意識了。

我：這樣我還能分辨是非善惡，還能發揮地球人的正常功能嗎？

阿乙莎：當然可以，你不但能活在喜悅的天堂頻率裡，還能在地球上再造天堂實相。

第十項工程：與未來的自己合一

我：阿乙莎，蓋婭母親引領我去看見宇宙生命的運行之道，原來生命最初的振動就是愛。繞了那麼一大圈，歷經千百萬年，我們只是透過生命不斷地在體驗愛；愛的振動將我們從愛中自我分離，我們每一個分離的個體不斷地渴望找尋愛，直到認出自己就是愛。憶起自己就是愛的種子，具備愛的振動頻率和足以穿越時空的愛的能量後，我們還可以自由選擇是要回歸到最初始的愛，或再次展開新的體驗旅程。這眞是宇宙偉大精密

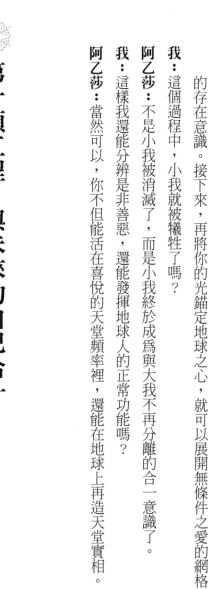

的運行設計。

阿乙莎：你終於明白蓋婭和你講這麼久，就是爲了喚醒你們內在本有的愛的能量。還記得她提到生命最初始誕生的那個氫元素H嗎？那個元素一開始分離自己，創造出自己的鏡像，就是愛的萌芽。你們透過分離的意識去體驗愛，當H元素試圖從自己的分身上找回愛的感覺，就創造出今日愛的大千世界的景象。這個世界，乃至這整個宇宙都是愛的振動創造出來的，你無法找出任何一個物質、粒子、原子、分子或元素裡面沒有愛的能量。

就在你仍然對自身擁有的愛的能量視而不見時，生命會遭遇一次次的衝擊，透過你身旁最親近的人事物不斷地提醒你，刺激你的情緒神經。那些也都是你自己內在DNA設定好的生命藍圖，是讓你找回自己就是愛的邀請。而若你依然故我，依舊不理睬愛的邀請、不願意相信那裡面可以遇見愛，最終，生命會透過死亡讓你瞬間連結回到愛裡。死亡是讓你們再次遇見愛的神聖禮物。

愛不只存在你的物質身體裡，當你搭乘郵輪、進入平行時空，你也再次經歷到愛的意識可以超越你的物質身體和時空的限制，那是讓愛的振動擴展開來後的美妙體驗。人類從脫離母體開始，就忘了自己身上擁有愛的能量；你們被自己創造的社會和教育束縛，忘記自身的愛就能夠帶領你們穿越生命的枷鎖和心靈的桎梏，展現無比的創造力。

蓋婭，你們的地球母親，不斷提醒地球上的人憶起自己就是愛，不要再被自己的小我意識設下的虛假屏障所困，也不要只爲了尋求物質上的極致滿足而任意破壞自己生存的地球。人類不需要更多愛的替代品來彰顯自己值得被愛，因爲你自身就是最純淨的愛之能量所組成的那顆愛的種子。

現在，你看見生命和宇宙的運行之道，也看見自己擁有愛的能量，你可以有兩種選擇：

一、回到最初的振動裡，融入愛的宇宙。

二、讓無條件的愛繼續擴展，喚醒身旁尚未憶起自己就是愛的人，大家一同回到愛的懷抱裡。那也是通往愛的極致體驗的道路。

這兩種都是你們可以自由選擇和體驗的道路。生命依舊會回到愛的振動裡，那就是一直連結著你們自己的最初與最終的合一旅程！

進入新地球的關鍵時刻大約會落在二〇三六年。你們在經歷地球多次的能量調整後，會有更多人覺醒；你們的松果體會自動甦醒，而甦醒的松果體會引導你們的身體細胞重組成新形態的DNA結構，這些新人類的DNA組成將延續人類生命，進入新地球的振動頻率中。此時，你們將進入新地球展開新生活。尚未有效打開松果體、啓動DNA重組過程的人雖然無法提升自己的振動頻率，也不用擔心，會有更多使者前來地球幫助尚未完成校準更新的人繼續前行。

當第一批新人類接軌進入新地球時，地球就會形成兩個世界，一個是屬於光的世界的場域，另一個則是舊地球的再次試煉場。進入地球光的世界場域的人將啓動新生活，不論是政治、社會結構組成、經濟活動、健康醫療、教育文化或娛樂，都會展現不同於舊地球時期的樣貌。這些新地球景象如同文藝復興般在世界各國開枝散葉，國與國、人與人之間的疆界逐漸消失，取而代之的是光的大同世界，一片祥和安樂的榮景。

我：我無法想像短短二十年內會發生這麼大的轉變，有可能嗎？

阿乙莎：當然有可能。你們只管選擇活出自己更高意識的樣貌，那早已存在你們每個人的心中，你們只是需要憶起，並帶著自己走入新世界的軌道而已。

我：可是，你們之前跟我說新地球在一百五十光年之外，我以爲不會是在現在的地球啊。你們不是一再提醒我們，現在的地球已經偏離銀河軌道了？

阿乙莎：一百五十光年外的新地球，就是你們目前地球的振動在量子宇宙之外的時空中呈現的鏡像。你們正逐漸拉近和自己投射的鏡像之間的距離，當現實與你們投射的鏡像合一，你們就會進入新地球的實相裡。

我：我實在無法理解。可以告訴我具體行動方案是什麼嗎？要如何展開新生活？

阿乙莎：當你明白無條件之愛的核心的「無」並不只是空無，而是你已經到達無條件的愛，回歸宇宙之心，接下來，就是要讓自己與未來的自己合一。你們如果只是想像，是無法到達的；將想像化成具體行動，讓自己和所有人一起隨著意識的擴展實踐新生活，你們就能順利完成新地球的啓動工程。

當你們終於明白地球的今日是人類無意識生活導致的偏離景象，就來到解救自己家園的時刻了。在此，我只能給全體人類一個最誠摯的提醒：你們不是只有這一世的地球生命體驗；離去之後，你們也不一定會再次回到地球。倘若相信自己有來生，還有下一次的生命體驗機會，你還會願意來到地球嗎？若你的答案是否定的，覺得受夠這裡了，絕不再回來，那麼我可以跟你保證，不論你出生在哪裡，你的下一次體驗絕不會比現在的情況更令你滿意。

若你的回答是，「當然，我一定要再回地球，這裡有許多家人和美好的回憶，我期待再一次和大家同甘共苦」，那麼恭喜你，你一定會再次回到心心念念的家園。此時，你希望迎接你的是什麼樣的家園景象？你現在又爲了這個心心念念的未來家園，做了些什麼準備？

看到沒有？不論你喜歡或不喜歡這裡，你實際上都正在創造延續自己未來生命的基地；你們無時無刻不在顯化自己的未來。現在，我要你們暫時忘掉外界的一切紛擾，回到自己身上，重新和自己的未來校準，對自己大聲說：

「我，XXX〈自己的法定名字〉，現在已經於地球畢業，即將前往下一站的生命旅程。

請現在就讓我爲了更好的自己，顯化出我的未來世界。」

接著，進入自己的內在宇宙，用內在之眼看見你爲自己擘畫的下一次生命體驗的場景。現在去記錄下來，記下那屬於未來的你的生活樣貌。

我：我未來會生活在沒有戰爭、饑荒、種族紛爭的世界。在那裡，大家不需要爲了得到一份工作，勉強自己去學沒有興趣的學科，也不用因爲擔憂金錢，而讓自己做著重複、枯燥乏味的工作。競爭只是遊戲，生活中沒有爾虞我詐、優勝劣敗，每個人都具備眞、善、美的靈魂振動品質。環境中充滿滋養每一個生命的元素，我們可以輕易從陽光、空氣和水中取得那些元素，生命被地球母親和宇宙無條件地滋養著。

我們活著就只是爲了歌頌生命的光和愛持續展現，我們可以自由創造美麗動人的景致，回饋給地球母親和宇宙。人和動植物可以相互溝通，爲了創造共同生活的美好環境和展現每一個動人生命的價値，人與動物彼此照顧、相互守護。不論小孩或大人，每一天都在歡樂的慶典氛圍裡。我們可以活得很久，生命的結束不會是因爲意外，也不是因爲身體需要汰舊換新；生命會隨著每個人的自由意志決定去留，沒有任何疾病和細菌可以剝奪未來人類的生命……

這是我對未來生活的期待，我內心深處的聲音。

阿乙莎：很好。就從現在起，你要與未來的自己合一，讓你的意識振動連結上未來的你，這樣你就可以幫助在目前的地球上創造出未來世界的生活樣貌。

我：如果這些只是我內心的渴望，而每個人渴望的未來世界都不相同，那麼我們會集體創造出什麼樣的未來？

阿乙莎：孩子，你們將共同顯化出彼此都渴望的未來世界。這已經存在你們的內在意識裡，早已生根發芽了！你剛才只是將它投影出來，讓現在的你知道已經有那麼一條路，正帶領著所有的地球人類前往。你們並不是分離的個體意識，而是一體的存在意識。

我：謝謝祢讓我看見美好的未來世界就在我們自己身上，在我們那看似遙遠又如此貼近的內在宇宙裡。我愛祢！

＊　＊　＊

地球改造重大工程

第一項：建立光的連結通道

第二項：開啓新地球天堂的路徑

第三項：傳愛下一代——阿乙莎未來學校

第二十章　再造光明之城

（編按：本章皆為阿乙莎傳達的訊息。）

讓內在的愛往外延伸，建造光之橋

現在是幫助地球建造光明之城的時刻，我要向你說明如何打造光明之城。你先回想自己從小到大曾經有過的愛的感覺。

喔，讓我回想一下。從小到大，我當然有許多愛的感覺：我很愛我的爸媽和家人，還有家裡的小狗；我愛天空千變萬化的雲，我也愛吃、愛玩、愛穿新衣、愛到田裡玩乾稻草……我一直這麼愛著身旁所有的人事物，直到走入學校、社會。我的愛似乎被自己封鎖，我變成希望被老師關愛、被同學喜愛、被長官認同、被男朋友愛戀、被同事支持、被老公愛護……

你有沒有發現，你身上這股愛的能量在進入學校和社會以前和之後的流動方向改變了？從小，這股愛的能量就這麼自然地從你內在升起，你會不由自主地讓愛的能量向你身旁的人事物延伸、擴展。你愈愛，就愈快樂；愛愈擴展，你開心的程度就愈高。

曾幾何時，在你踏入社會，進入你們人類自己創造的社會結構之後，這股愛的能量開始轉向了。你希望從外面得到愛，從你的導師、同學、男/女朋友、社團、組織、長官、同事的眼裡找到愛；你從一個發送愛的人，變成尋求愛的需索者。這就是目前地球的集體業力。一旦尋求愛失敗了，你就向下沉淪，進入痛苦的循環和深淵裡；只有在你成功穿越，或是在你一直找不到愛的理由，不得不回到自己身上，回頭看見自己時，你才會再次遇見愛。孩子，你是否看見這中間的問題了？差別在哪？同樣是愛的能量，只因爲流動的方向不同，就創造出兩種世界。

只有當你讓愛的能量向外流動，你才會有愛的感覺；從外面尋找愛，你不但苦苦找不到愛的感覺，反而進入無底的暗黑深淵，讓你的內心遭受千瘡百孔的傷痛。這是宇宙能量運行的法則，只有付出才能得到。你就是自己和宇宙能量的中心，當你的中心呈現最大的斥力場，你就能讓存在你內在宇宙的愛的能量向外擴展；你中心的斥力場愈大，你內在感受到的愛的能量場就愈大。若你內心呈現需要被愛的引力場，那個尋找愛的意念來到你心中，原本帶動愛的能量向外擴展的那股斥力就產生能量坍塌；你愈將需要放大，引力就愈大，坍塌程度就愈深。你看到自己內在仍是空無一物，但你此時的能量中心已經向下沉淪，這股吸力會讓你陷入無底深淵。

你們若是需要將自身能量向上提升，就必須創造出幫助自己擴展向上的斥力場，讓中心空無的無形斥力從你的內在不斷向外擴展，直到契入宇宙之心。然後，你就會因此創造出連結地球和銀河宇宙的光之橋。

啊!光之橋,之前雷巴特和莎雅建造了一座宇宙光之橋。

沒錯,這座光之橋就如同你的靈性父母當時搭建出來的宇宙光之橋,是要幫助地球邁向揚升的道路。

我終於搞懂這是怎麼回事了!所以,人類往外創造出的花花世界誤導了我們愛的能量流動的方向,那些創造物吸引了我們的注目,讓我們將自己愛的能量投射到那些人事物上,但我們投射出來的是引力,不是斥力。我們因爲想要在自己身上複製同樣的美好,不知不覺將自己的能量場轉向了。我們一進入社會就開始無止境地追求金錢、名利、權勢,以及光鮮亮麗的珠寶、豪宅、名車,將提升自己愛的能量流動的斥力,拱手讓給這些替代品,讓給毫無生命的物質,將自己的心鑿出一個大黑洞。這個黑洞充滿強烈的愛的吸引力,讓我們一世又一世去尋找自己身上的愛。

阿乙莎,我覺得自己好蠢,怎麼到現在才明白自己身上就是愛的源頭?要體驗自己身上這股愛的能量,當然要從裡向外投射,讓能量流出,我才能體會到啊,從外面怎麼可能找得到自己的東西?外面一切的顯化都是虛擬實境,我們被自己創造的虛擬實境困住了一輩子,喔!不,是好幾輩子。

怎麼辦?現在我看見很多人都累了,沒有力氣去找到自己身上的愛;更嚴重的是一堆的憂鬱症、心臟失去正常運作功能的病患，這些人該怎麼做？

只有轉動這些人的能量流動路徑，回來從自己身上投射出自身原本具足的愛的能量，才能擴展和提升他們的場體，再造生命的活力。靠藥物支持或依賴別人給予更多的愛和關懷，是沒有幫助的。若仍然無法讓愛的能量流動轉向，這些人就會進入無底黑洞中；而當進入最底部、最終點，他們內在就會看見一道曙光，那是重拾自己愛的能量的窗口，他們也就能再次回到光與愛中。

阿乙莎，地球上有許多宗教都走上這條苦修的道路，當年釋迦牟尼就是最傳奇的經典，讓人們傳誦不已，成為修持的典範。但這條黑暗之路真的好苦啊！這一路上真的非常擁擠，一堆靈魂正在路上受苦。

這個場域就是現在的地球啊！那是人類數百萬年累積出來、創造出來的金錢帝國虛擬實境。你們以為金錢堆砌的繁華景象，是定義人們功成名就該追求的道路，其實你們正在創造人間地獄。你們的靈魂被困在自己挖掘的墳場中，上刀山、下油鍋，任何可以讓人更苦的方式，都被你們自己投射出來。那些地獄景象並不是地獄之神創造出來懲罰人類的酷刑煉獄，而是人類自己創造的幻境。這些幻境和極致奢華的花花世界是一體的存在，你們有多大的狂歡天堂，就有多大的黑暗深淵。這些體驗創造的虛擬實境，是人類體驗愛的過程中創造的贗品，你們無法找到任何物質可以代表愛。

照這麼說，如果我們只要通往好的體驗的道路，不要壞的體驗方式，根本辦不到。除非我們如如不動，沒有任何念頭產生，不然我們身處地球，依照量子世界的能量運行法則，一定會有地獄的，是嗎？

當然不是這樣。剛才跟你講過，你們內在就可以建造光之橋，這個由你們內在的愛向外延展所創造的愛的連結，會成爲地球和宇宙之心的橋梁。現在你自己去感受一下，如果每個人心中都可以用愛創造出這座光之橋，還能讓光之橋彼此連結，通往宇宙各個星門，你覺得會是什麼景象？

是皎潔明亮的光明之城。

是的！從自身愛的能量擴展中，搭建出一座光明之城，你們就能帶自己進入銀河新地球的行列。

來自阿乙莎的結語

現在你已經明白，人類的內在宇宙擁有無窮的資源可以幫助自己，同時也可以幫助地球恢復生態環境的健康。人類是地球上最重要的創造者，也是推動地球邁向下一個文明的關鍵領航者。然而，從目前地球環境崩壞、天災人禍不斷的情況看來，若沒有從人類自身做起，是無法讓地球崩壞的現象減緩的。

這已經不是蓋婭第一次傳訊，你們該回到自己的內在宇宙，重新校準。蓋婭無法再任由人類繼續破壞地球，自體校準的行動已經展開，不再等待人們的覺醒和反省。

這一次的傳訊提出了具體行動方案，告訴人們可以如何幫助地球，**其中最重要的一點，就是要人類恢復愛的能量**。這是地球母親蓋婭最仁慈又卑微的要求，希望人類這一次眞的聽進去，不要再讓地球看著人類的沉淪而哭泣。你們身上都擁有地球母親賦予的愛，現在只須重啓這份愛，來回饋你們賴以爲生的地球。

完成此次蓋婭母親的教導，你就會清楚知道生命來到此的意義爲何。你們每個人在這裡最主要的目的，就是要活出愛的能量，並用愛的能量創造和顯化出你們期待的新地球生活。當你在愛中，自然而然會活出健康快樂的人生，還可創造美麗的地球景象；而當你偏離了愛，與愛的距離愈來愈遠，別忘了，能夠幫助你回到神之湯的力量，和那把進入愛的能量的鑰匙，仍然在你身上。

每個人內在都擁有神的意識，那是神在創世之初就散播到地球上的無條件之愛的種子。那些種子創造了你，是你們每個人生命的原力，遭遇挫敗或失望時，就要打開你內在那股無條件之愛的能量，重新爲自己的生命導航。

若每個人都回到從愛自己開始，就能讓愛在地球的生命之花綻放，也可以爲自己找到回生命源頭的道路，重現生命的光和愛。請不要吝於分享生命的光和愛給身旁的人，因爲你們早在宇宙帷幕的這一端就說好，要互相扶持走完這趟生命旅程。你們都是來自銀河宇宙的光明戰士，要透過彼此身上的光，相互輝映出一條邁向銀河的道路，而你們也要爲地球萬物建造光彩奪目的新地球光明之城！

祝福地球所有的孩子，希望你們活出生命的光，讓愛在地球再次閃耀！

〈附錄〉

與阿乙莎的 Q&A

地球現況給人類的訊息

我要來告訴你目前地球面臨的狀況的解決辦法。

祢是指新型冠狀病毒？

當然不只瘟疫，目前的問題還有森林大火、非洲蝗蟲侵蝕農作物，以及更多的流感病毒傳染。最終你們會看見，這些事件已經不是單一國家、單一國際組織可以解決的問題；這些問題會持續擴大，人類最終會束手無策。

這些問題會持續影響人類到何時？

如果人類沒有做出具體的改變，會一直持續下去；只有當你們眼見更多的人死去，僵固封閉的大腦才會被敲醒。現在，我需要你記錄我以下的訊息，傳遞出去。

好的，請說！

這世界需要改變，而改變的時刻已經到來，不再讓人類主導地球的生命。

要如何改變？

你們將看到新的意識領導全人類！這個意識領袖不具備人類的形體，而是一股能量流，這股新意識能量已經進入地球軌道，等待人們對焦。在接下來的日子裡，傷亡人數會持續攀升，你們無法以任何手段阻止地球的轉變，雖然目前各國當政者都寄望疫苗可以解決地球風暴，雨季可以熄滅森林大火。

我用「風暴」來形容，正是說明它來得很快，沒有理由地奪走人類的生命及財產，但它也終將離去。即使目前讓所有人措手不及，你們仍然可以在此風暴中安身立命，讓自己全身而退。你們必須讓自己進入風暴之眼。

風暴之眼？如何進入？

你們可以連結這股進入地球的新意識能量，就能順著這股能量進入風暴之眼，穿越這場風暴。

請你們從現在起，天天唸以下咒語，直到眼前的風暴解除。

「MO HO MO HA NA NU MI DA」（摩訶摩哈拿努密答）

唸十次。

第十一次改唸：

「NA MI NU WA ＋自己的名字」（拿密努哇＋自己的名字）

（掃描下面的 QR Code，可連結到唸咒示範音頻。）

我剛才唸完了，只覺得頭部沒有那麼大的壓力了，身體稍微輕盈一點。這幾天身體真的感覺不舒服。

很好。告訴人們可以從現在起每天唸這個咒語，進入風暴之眼。愈多人的意識穿越進入，愈可以幫助提升並超越原來的意識維度。

唸咒語就可以轉化意識，進入風暴之眼？我不得不說這有點奇怪，若不會唸或不想唸，難道就無法穿越這次的風暴嗎？對不起，我仍需要一點科學精神來看待這個咒語。

只要願意嘗試並信任，就已經進入新意識的重新校準。這是幫助你們與新意識校準的方便法門。若面對地球現狀仍讓自己處在愛與喜悅中，自然不需要唸此咒，這樣的人早已明白宇宙的眞理，早已到達愛的振動；但針對無助和恐慌的人，請將此訊息傳遞出去。

謝謝祢，阿乙莎，我會傳遞出去！

（請注意：這是阿乙莎傳遞的靈訊，僅供參考，請勿以此咒當作抵禦病毒或療癒病症的方法。若你受到病毒感染，請進行自主管理，並尋求專業醫療診治，以上訊息無法取代專業醫療。）

連結阿乙莎星門，穿越風暴之眼

唸十次

MO HO MO HA NA NU MI DA
摩 訶 摩 哈 拿 努 密 答

唸第十一次為

NA MI NU WA＋自己的名字
拿 密 努 哇 ＋自己的名字

＊＊＊

阿乙莎，謝謝祢傳來穿越風暴之眼的咒語，很多人發現這個咒語的能量導入人體非常快速有力，即使是一些對能量感知較弱的人，唸一回也都有感覺。是否可以讓我進一步理解這個能量來自哪裡、我們要如何看待？

這是目前進入地球光子帶的一股強大的能量流，這股能量來自五億光年外的宇宙，是爲了幫助銀河系誕生新星球而來的純淨宇宙能量。地球上的人可以透過冥想、唸咒，讓自己快速連結這股能量。

不只地球人類可以感受到，包含地球上所有的動物、植物、海洋生物、森林、礦石和地殼下方的微生物等，衆多物種都可以連結這股能量。這能量可以幫助銀河系的軌道產生新的路徑，以容納非銀河系的星球加入。這是五億光年才會產生一次的星際軌道移轉計畫，而地球在此時期也可以藉由這股能量的導入，從一個襁褓中的嬰兒成長爲獨立的青年，地球會依原訂的星球成長計畫迎接新人類的集體意識到來。

現在把這個咒語傳遞給人們，希望更多人去連結，並幫助地球再生新的振動頻率。而在這股能量快速導入並沖刷地球磁場的階段，一些已經意識揚升的靈魂會選擇離開磁場無法與之相匹配的環境，決定遷移至新的星球或不同的維度去體驗。此物種遷移的過程在你們的眼中看來，似乎是一場場的死亡與現況崩解，而此時來協助地球揚升的靈魂大師們，也會從自己的地球靈魂種子喚醒其肉身存在，以幫助尚未在地球維度覺醒的人進行意識和生物體的重新融合，好讓目前地球上的人類和其他所有物種都能無縫接軌，進入新地球的振動裡。

這股能量會從二〇二〇年起持續灌注銀河系，直到移轉結束，預計會在二〇三六年全數完成。因此，目前地球的崩解亂象是必經的過程，如同毛毛蟲要蛻變成一隻美麗的蝴蝶之前的準備。

至於目前無法與這股能量順利融合的人，不要過於恐慌，擔憂自己無法完成，你們的身體細胞需要時間將原本沉積的雜訊清除，才能容納新的細胞和新的振動。這本來就需要一段時間的蛻變，因此，請給予此時眼前所見的紛亂與舊系統的解構足夠的信心和勇氣，相信這一切的黑暗是必要的過程。你們從未失去，也沒有因遭受生命財產的損失而讓自己的靈魂消逝。你們的靈魂意識早已適應過千百回的混亂，歷經許多苦難，才會雀屏中選，於此時此刻來到地球，幫助地球的集體意識揚升。

你們要對自己有信心，看不見的帷幕那一端正在光明中等你們凱旋歸來；不要擔憂、不要害怕，你們必定會進入光明的彼岸。我希望在此時讓更多人理解，愈多人連結上這股新意識能量，就愈快可以讓地球晉升爲銀河系中一顆壯麗的星球。

我們早已幫地球備妥新人類意識的生命種子，從二〇二五年起，你們會看見這群新人類開始幫助地球穿戴上新的容顏，從森林、山川、湖泊、陸地到海洋，都會被新人類妝點出新地球的天堂景象。這些新色彩的出現會讓所有人耳目一新，因爲你們從未在過去的光譜中看見這些瑰麗絢爛的色彩。這些色彩會率先在地底下和海洋中被發現，那是銀河系和眾多星際存有歡迎新地球到來的贈禮。

地球時間的長河從未背離它的韻律，此時此刻的地球人類將親眼見證從舊地球跨入新地球的光輝照耀大地。祝福所有的人！

＊＊＊

阿乙莎，請問祢傳遞的「穿越風暴之眼」這句咒語有何意涵？

「MO HO MO HA NA NU MI DA」的意思是：「啊！我勇敢的靈魂勇士們，一起向前衝啊！光明就在黑暗之外等著你們！」

「NA MI NU WA ＋自己的名字」的意思是：「我，XXX〈自己的名字〉，帶著我自己到達。」

感謝祢讓我更明白這個咒語的字面意思。我自己唸完後確實就可以進入更寬廣光明的狀態，意識和身體覺得更輕盈了。我們眞的可以唸這個咒語來免除目前風暴的傷害嗎？

當你自身的振動頻率提升，變得更加輕盈時，那些低頻的存在就無法與你共振，當然就會遠離你的場域。

那麼，地球目前遭受的瘟疫、森林大火等大自然災害和亂象都是怎麼形成的？

這些現象是地球目前最需要的。**宇宙只能給予你們所需的，不增不減，一切都是完美的呈現。**

喔！不，不要說這些災難是完美的呈現，我不能接受，更不想碰上。

人類創造的低頻振動需要這些能量來幫忙清理。當你們身上吸附著揮之不去的厚重低頻意識時，你們共同創造的集體意識場就會在地球的物質實相中顯化出來。這些現象不是毫無緣由，都是人類自己創造出來的。

瘟疫，就是「貪」的顯化。你仔細看進去，這個「貪」背後的動能來自「恐懼」——人們因爲「恐懼」才會「貪求」，因爲害怕不足、害怕無法生存和競爭，而演變成不計代價向外暴取豪奪。

而森林大火是「冷漠」的顯化。冷漠背後的動能是「自私自利」的意識擴展所凝聚出來的——當人們不再需要群體生活，對社會漠不關心，不願意伸出援手幫助別人和其他物種時，就會讓森林之火再度燃起。這把火可以打破人們自私自利的現象，點燃關心他人和其他物種的意識，讓已經冷漠的社會重現生機。

至於地震和海嘯，則是「征服的欲望」所顯化的。這股征服的欲望，其源頭是人類自古至今一直揮之不去的「生存危機」意識。人類不斷向大自然宣告自己才是地球的主宰，展現自己的強大，不斷侵犯其他物種和海洋生物的生存權利，於是導致地震和海嘯的反噬。那是地球生靈對人類的小小警告。不要再放肆越界，人類必須回到敬天愛物，視天地之間的所有生靈為家人，也必須明白自己是被地球母親無條件照顧和豢養的子民。

而近來非洲大陸蝗蟲肆虐，造成農業損害，這是人類「盲從」的顯化，源自人們「無意識地活著」，以為只要順著別人的指示生活，就可以安身立命。人類是神在地球的造物者，人們只有從無意識狀態中甦醒，才能為自己的生活和這塊土地創造美好的未來。

地球目前的這些災難，都只是反映了人類的低頻意識。沒有這些災難的清理，很難讓沉睡中的人們改變原有的振動頻率，衝破僵固的行為——這些行為的產生並非一朝一夕，而是在人類生生世世的體驗過程中滯留的能量。現在，當地球母親需要轉換軌道、提升自己的振動頻率時，就必須清理這些停滯不前的能量。

在此過程中，你們只要願意持咒，就可以快速抖落身上的低頻能量，契入更高的振動頻率中。

這聽起來像是沒有教徒弟學會站樁、做足基本功，就要給他們尚方寶劍揮舞啊。這樣的方便法門是否又會寵壞人們，未來會讓地球母親更頭疼？

孩子！不要擔心這麼多。能夠乖乖地每天唸，有覺察到自身意識維度的，都是已經準備好要揚升的人，只有這些人會自動自發，願意毫無理由地帶著自己前進。而這些人既然已經準備好了，就不會想再回頭的！

那麼，對於目前地球的災難，我們還可以做些什麼？

安定你們自己的心，提升自己的振動頻率，就是在幫助地球母親轉型。祝福我所有勇敢的孩子！

＊＊＊

阿乙莎，請祢進一步說明「MO HO MO HA NA NU MI DA」這個咒語。有些人因爲唸此咒而有穿越地球帷幕的體驗，有些人雖沒有具體感受，也願意持咒，請問我們需要抱持什麼樣的信念或展開什麼行動，來面對持咒後的體驗？

這個咒語可以快速淨化意識，讓人們的意識維度超越地球現況，所以一些可以用第三眼看見或感知到非物質實相界的人，當然可以看見光的世界的景象。然而，這些景象對身處地球維度的你們來說，只是滿足小我的好奇心而已。

地球人類的任務仍要放在**提升自己的振動頻率，幫助整個地球環境脫離混亂的二元對立**，這是你們在此體驗地球生活的原因。若你們選擇積極面對現況，並展開意識重新校準後的行動，這個咒語對你們共同生活的地球會有莫大的幫助。它能帶領你們在混亂糾結的無量網中突破藩籬，保護你們的意識免受干擾，並以更清明的意識做出利益眾人之事。

倘若你們只是好奇，或期望藉此咒語讓自己契入更高意識維度，展開自我探索，也是可以的。但你攜帶的意圖若僅是利益個人或小我意志，最終仍會被高維度的存有識破，而不會與你再次連結。

開放此咒的意識連結通道，是因爲地球母親此時必須展開新軌道的校準。地球上方有許多光的世界的大師正在建立揚升管道，透過各種形式幫助地球，此時此刻接到這些訊息的人最需要做的，是讓自己成爲光和愛的管道——不帶任何私人的偏見和欲望，爲了全體人類和宇宙共同的福祉，讓自己化爲無條件之愛的管道。

此外，你們也會發現，藉由咒語淨化自身低頻意識之後，就可以帶著自己契入靈性源頭。你們每個人都是神的化身，是更高意識維度的地球代表，在地球轉換軌道的此刻，你們都可以透過此咒語穿越星際之門，辨認出自身靈性源頭所在位置，並與自己更高次元的意識存在合一。

要到達這樣的意識不須透過觀想，你們只要唸完咒後靜心，迎接光的臨在，感受到自身場域被清理、淨化、轉換和提升。大約只需要靜心三分鐘，你的意識就可以到達自己的靈性源頭；接著，請不要吝於讓宇宙的光和愛透過你的身體，傳遞給你賴以生存的地球母親。

練習：讓自己成為光的管道，幫助地球校準

1. 唸一回合咒語。
2. 靜心三分鐘，讓意識提升、轉換場域。
3. 以意識引導，將充滿內在的無條件的光和愛傳送給地球之心，讓愛從心輪朝身體下方移動，一直向下穿越海底輪，直指地球之心。此時，你就幫助完成地球和宇宙之心的校準了。

＊＊＊

阿乙莎，自從開始唸這個穿越風暴之眼的咒語，我每天的睡眠似乎變成可有可無，晚上只睡短短一、兩個鐘頭就覺得活力充沛，以往的身體緊繃和因爲寫作造成的肩頸痠痛都消失了。請問這個咒語到底對我的身體起了什麼作用？

當你持唸穿越風暴的咒語時，你身體的光場會立即被啓動，並與自身的靈魂本源連結。這個咒語來自宇宙至高的源頭，它能跨越宇宙所有次元的靈魂意識存在；透過這個咒語，不論你目前的靈魂組成來自哪些不同的元素或區域，都可以同步獲得校準。唸咒的同時，還會有源源不絕的宇宙能量注入你所在的位置。

這也是銀河宇宙爲目前的軌道更新打開的星際之門，你可以稱其爲阿乙莎星門。那是來自你靈性源頭的家的呼喚。現在，你將這個咒語無條件地傳遞出去，所有人只要持唸此咒，就可以立即獲得宇宙能量的更新與連結；更重要的是，這股能量會幫助人們打開DNA的封印節點，讓人回復初始完美的靈性之光存在狀態。這也是在開啓讓地球邁向新軌道的一部分重要能量。

在接收這股能量的過程中，你的細胞會完全甦醒，所以你非但不會覺得疲累，你的細胞反而會充滿普拉納之氣，加速你身體的新陳代謝，不論是原本阻塞的循環系統，或是正在頑強抵抗的免疫系統，都會因爲宇宙能量的注入重獲生機。

你的精神更好，細胞恢復健康，骨骼中充滿活躍的免疫T細胞。此時，你的整個存在變成地球場域的一座明亮的光之柱，你成爲能量傳輸管道，正在幫助周遭環境和人們同獲來自宇宙的無條件之光和能量。宇宙的能量是永遠不虞匱乏的，也只有內心光明澄澈的靈魂勇士可以獲得此咒帶來的能量。

你可以在需要的時候盡情享用它，讓宇宙能量立即爲身體場域帶來提升和淨化效果。這股能量會透過阿乙莎星門持續傳送給地球上所有的光之工作者，它可以保護你們，並充盈你們的光場，直到完成階段性任務爲止。

這樣我更明白了。謝謝阿乙莎，也感謝來自阿乙莎星門無條件的愛！

＊　＊　＊

阿乙莎，對於先前延燒多時的亞馬遜森林大火，地球想要傳達的是什麼樣的訊息？

這場大火讓你們所有人將目光從經濟、政治和娛樂的話題移開，轉而關注自己生活的地球是否還健康，你們終於願意正視地球母親已經生病的事實。當地球需要自體療癒時，自然會經由水火來平衡和調節。我將從以下四個面向來談這場大火對人類的意義。

一、環境面

現在生活在地球上的人未曾經歷全球性的大洪水、乾旱和饑荒，但這是地球上一次冰河期前常見的景象。當時有一半的人類和動物死於無法供給食物的大饑荒，地球因此被迫進入冰封的冰河期，以降低細菌和瘟疫的蔓延，免得造成更多人類和動物滅絕。人類如今衣食無虞，卻不知道自己居住的地球環境正面臨更嚴峻的考驗。

這次的亞馬遜森林大火對整體地球環境、對人類而言是件好事。這個過程會犧牲許多動物與植物的生存空間，卻可以讓地球提供更安全的大環境給人類。一些蠢蠢欲動的亞馬遜超級細菌會被這場大火消滅，取而代之的是新的植物生態系統被建立起來。這是地球母親的智慧，爲了新地球生態系的誕生而鋪陳了這些事。你們不必擔心地球母親的自體平衡智慧，過度的擔憂無法幫助地球母親。

二、經濟面

這場大火會讓人類對全球經濟發展建立新的思維。你們不會再以生產更多商品作爲經濟發展的成長指標，過度消費和耗損大自然資源會被許多覺醒團體視爲違反生態平衡的邪惡經濟，人們會開始有意識地消費與選擇，並站出來抵制過度浪費和耗損大自然的行動。

三、教育面

面對頻繁上演的氣候異常和大自然災害，許多生態專家將無法做出更精確的評估和預測。地球重新取得平衡的過程和範圍之廣，不是任何單一學科，例如海洋、植物、生態、地質或氣候方面的專家可以解釋的，你們終將臣服於大自然給人們的教導，承認人類對生態的認識十分膚淺而局限。政府和研究機構會開始將觀測地球生態健康這件事視爲國家成長的重要指標，人類終於認同，沒有健康的環境，就無法創造強大的經濟實力。

四、醫療面

人類過去將太多資源放在醫療體系和化學藥物的發展，每年花費的醫藥研究經費遠遠超過栽種健康食物的研究經費，然而，人類以對抗性治療方法發展的醫療系統已導致生態鏈的斷層，並對生物體造成更大的破壞——你們創造出更難以對抗的超級細菌，危及人類自己的生命安全。實際上，療癒人類身體最好的來源，就是大自然供給的食物。針對所有人類身體會產生的細菌，地球母親早已提供相應的食物療癒方法，結果你們非但未善用大自然賦予的療癒泉源，反而不斷製造加工食品，破壞人體和動物的健康，同時也將大地的療癒智能系統破壞殆盡。

這場大火會讓人們重新省思在經濟、教育和醫療上該如何改變，以建立更能讓人類與地球和諧共生的循環系統，創造出新的平衡。

這是一場必須發生的大火，地球母親需要讓新地球種子發芽——不只是森林的種子，新地球的意識種子也必須在人類心中發芽。在這個地球調整的過程中，除了跟隨地球母親的步伐同步調整之外，人類也要開始迎接新合作思維的時代到來。

你們無法再將自己的生存建立在踐踏別人的土地和傷害地球環境整體平衡之上。當地球母親要平衡新生命的誕生時，誰都無法阻止宇宙生命的演進法則。亞馬遜森林將會重生，人類也終將看見，新地球新的生態平衡需要人類一起改變。

關於進入內在宇宙，有些觀念須再釐清

進入內在宇宙唯一的路徑，是從自己的心輪開始，連結到自己的晶體。若是想求快速，透過外界的能量引導進入自身，不但無法確實到達你的內在宇宙，反而會因爲依賴，造成自身中軸偏移，導致能量干擾或外靈入侵。你們必須先建立這個觀念，才去做相關練習。

做暢通脈輪手指操的目的是先讓中軸能量的管道通暢，然而，能夠讓你們順利到達內在宇宙大門的是心輪，那才是眞正的驅動引擎。一個心輪無法讓愛的能量流動的人無法眞正進入內在宇宙，反而很容易被小我創造出的假象欺騙。

一旦進入內在宇宙的大門，第三眼（松果體）的開啓就是自然而然的事，不需要透過外力打開你們的靈魂之眼。那股連結宇宙的能量是由你們的內在升起，是心輪展開愛的振動引發的，**你們內在就有此能力，不要向外尋求**。

要突破小我設下的陷阱，不妨進行自我審查，就從自己的情緒體著手。若你在連結內在宇宙時得不到愛的能量，也無法讓自己的小我安靜，就不要試圖進入連結狀態，以避開來自小我的能量需索。你們無法看見的那股無形力量會將你帶離自己的源頭，偏離自己的中軸軌道。

「阿乙莎靈訊」系列書籍的文字本身即帶有穩定中軸的能量，但若要到達內在宇宙之門，可向資深的靈性導師學習，並選擇在能夠連結到阿乙莎光源的光之場域練習爲佳。光之場域必須經過設計，並完成與阿乙莎光源的校準設定，現場搭配合格的導師來穩定光場。

＊＊＊

阿乙莎，有位讀者來信說，他閱讀了「阿乙莎靈訊」系列書籍，隨即嘗試連結進入阿卡西紀錄的場域。剛開始第一個月就得到高我的回應，那是充滿愛與慈悲的連結；但進入第二個月，他陸續感受到外來能量的干擾，甚至聽見男女對話，覺得有外星人和一些靈體在干擾，讓他非常恐懼。雖然祢有提及在進入內在宇宙前必須先清理業力，並達到脈輪暢通、中軸穩定的狀態，但人們總是會好奇，也希望能早日連結高我，取得無盡的宇宙智慧和資源。所以，當一個人在連結高我的過程中感受到恐懼和不舒服的靈體能量干擾時，該如何因應和面對？

這是你們在將意識擴展到身體以外的感知過程中，觸發到內心尚未平衡的能量造成的。你們的潛意識中仍深埋著尚未撫平的創傷、憤怒、恐懼或哀傷的情緒，但你的小我無法辨識出這些被你壓抑住的細胞記憶；而當你的意識逐漸擴展時，你會從內在的觀照過程中看見這些仍存在你內心的情緒陰影。這些投射出來的黑暗能量會以身影、聲音或任何足以讓你辨識出來的方式，再次提醒你去看見。

此時，若你再次掩蓋或不予理會這些恐懼或憤怒的負面情緒幻化出來的投射，是無法脫離黑暗能量的禁錮的。最佳的辦法就是面對已經浮現的黑暗，用不同於你以往慣用的思想和行為方式去面對；同時，也必須先承認自己內在仍有一股尚未平衡的力量等待被你照見和撫慰。

這些幻化出來的影子或黑暗能量並未如你想像的有實質力量，只有你的認同才會賦予它們力量。你不妨用自己的內在意識去問問出現在你眼前、令你不舒服的能量：「你為何在此？你是否可以讓我理解你是如何形成的？那件事情發生在什麼時候？你可以幫助我看見和憶起嗎？」當你願意去了解它，它就會因為你的光的照耀，逐漸失去黑暗的力量。接著，你更需要給自己無條件的愛，去面對這份之前被你忽略的負面情緒。當你願意以愛和勇氣再次面對它，你就療癒了自己和這段關係。

孩子，這世界充滿各種尚未被你們自己平衡的能量，只有你們願意給自己和他人無條件的愛，才能幫助淨化自己和整個地球。

（阿乙莎的這段說明再次提醒我，我們以往過度依賴小我眼見為憑的世界觀，因此，我們對眼前所發生事件的「想法」，會立即影響到我們選擇用什麼樣的「情緒」來回應。若學會以更高的意識和全息化的角度去觀照實相，並給處於事件中的自己無條件的愛和慈悲，我們就能看穿小我慣用的把戲，也就不會情緒性地回應眼下的所見所聞。

至於連結高我的過程中會見到魔鬼的朋友，請參考《阿乙莎靈訊》一書中的教導，完成自身的業力盤點，以及脈輪暢通、中軸穩定的練習。此外，在此摘錄一段交通大學白曛綾教授連結高我意識時「與魔鬼的對談」（出自白教授貼在「Bala的科學與心靈觀察角落」臉書粉絲頁的文章），這段對話很精采，絕對會讓大家對魔鬼有不同的看法！

Bala：親愛的魔鬼你好，很久沒有和你見面了，但最近我有幾個朋友被你所困擾，因此我想要請問你，為何你會存在？

魔鬼：我知道你們都把我當成一個去之為快的對象，但很奇怪的，在西方思維這或許還成立，為何你們東方人已經了解陰陽並行的道理，卻還是只想要白不要黑，只要陽光不要黑暗？

不過這也沒有關係，反正我就是個人見人恨的大壞蛋，就連你們人類社會裡的壞蛋也覺得我壞。他們嘴裡講仁義道德，拜關公就是不膜拜我，卻利用我來幫他們做事，真的是很沒有天理。

懂嗎？我就是這樣誕生的，從「沒有人愛我」的能量而生，所以基本上我就是你們人類思維所誕生的孩子。

然後我想順便罵一下，分明我是魔鬼，怎麼透過你發聲，卻沒有半點威力！這實在是讓我感到生氣又沮喪，很想離開你的腦袋，不再發聲。但上帝要我來，我只好乖乖在這兒說給你們人類聽。

為何我會入侵某人的腦袋？為何我能進入 A，卻不能進入 B 的腦袋？

你應該還記得好幾年前，你還會暴走的時候，我就很容易趁虛而入，幫你咒罵人、幫你做出令你感到可怕的舉動，然後再讓你後悔不已，對吧？

那時候我挺快樂的，因為你給了我機會出來發揮一下我的能量。我可是很有能量的，而且我很會鑽縫，只要是沒有愛的地方，我就存在。

Bala：等等，你說沒有愛的地方你就存在。可是我們不是都有上帝愛我們、天使保護我們嗎？而你不也說是上帝派來的？上帝怎麼會允許你這樣做？

魔鬼：上帝沒有允許我可以做什麼，也沒有不允許我不能怎麼做，他只是創造出天使，然後我就也因應而生了。

西方世界說我是墮落的天使，那是狗屁話。我根本不是天使，而是天使的另一面。好啦！你要說我是墮落的天使也可以，反正有天使就一定有我，這樣上帝才會是完整的。

所以我必然存在，懂嗎？你這臭小子。

我存在，因為你們不常與天使同在。

我存在，因為你們不允許愛單獨存在。

懂嗎？這都只是選擇題而已，你選擇天使或選擇我，兩者擇一。

再不然就是只讓愛單獨存在。

上帝給你們人類選擇的能力，而你們做出選擇，要天使或要我？當你選擇放棄天使或放棄愛時，我就來了。

這麼簡單的選擇題，你們人類卻做得哩哩落落。看到你們這麼無能，我就想來接管了。

感謝你給我這個空間，讓我發揮。

瞧，我可也是會感恩的，你讓我進入，我感謝你。

我是人性化思想的結果，就像天使也是人性化思想的結果。是你們人類決定要讓天使或我成為你思想的產物。分明是你們有選擇權，有能力決定該怎麼想，卻說成是我故意要占據你們的腦袋，將罪惡丟給我，要我承擔，這實在不公平。他媽的！這會讓我更生氣，我也因此更有力量了！

感謝你們人類給我力量。

啊～你可以不要再感謝了嗎？你愈感謝，我就愈難跟你連線，拜了！）

＊＊＊

阿乙莎，爲何有人做了好幾回業力圖，還是無法到達內在宇宙的大門，無法連結高我？

無法進入內在宇宙有許多原因，其中包含：

一、**小我意識高亢：**當小我仍然鍥而不捨地給你更多想法，找出千百種理由說服你要爲自己出征、討回公道，處於虛張聲勢的狀態，讓你的心無法平靜時，你就無法到達內在宇宙的大門。

二、**細胞病變，處於能量不平衡狀態：**當人的身體處於不平衡的狀態，此時雖然有很大的機會覺醒，進入由心帶領的狀態，卻也會因爲身體不適，小我不願意臣服於病痛，隱藏痛苦、強顏歡笑，而更頑強地對抗。一個對抗的心會更加鎖緊自己，以爲這樣可以產生抵禦病菌的能量，但事實上，放棄抵禦，用無條件愛自己的能量讓小我臣服在愛中，才有機會讓黑暗的負面能量退去，然後讓愛的能量流入細胞，產生自癒力。

三、**情緒尚未清理完畢：**很多時候是一些負面情緒被自己深埋起來而遺忘了，這時需要多練習自我觀照。拿出紙筆，練習寫日記，在寫作中逐漸讓情緒浮現出來。

四、**業力枷鎖：**這是較難處理的課題，但有非常多人正處在這種狀態。已經累積多次生命經歷的老靈魂在重新替自己的新生命選擇命題時，反而會設下天羅地網，設定困難度極高的考驗，這也是許多靈性高級班的修行者會想替自己安排的道路。他們企圖設下不只是先天，還有後天的種種關卡，來考驗自己在這樣的情境下是否依然能夠找回愛。針對這類型的修行人，我會建議你直截了當地告訴他們：「若你繼續寫考卷，即使考了一百分，你卻讓所有參與你考試的靈性夥伴統統回不了源頭，這難道是你成就了自己之後想要的結果？你回報給這個世界的是彰顯自己的偉大，或是要成爲照亮別人的路燈？回來吧，別再出考題給自己了！」

五、**經歷不足：**有些人來自不同維度的靈魂意識，到地球來學習人類的法則，累積足夠的生命經驗。這些星球尚未擁有如人類的情緒體或創造力，所以特別想一再經驗地球人類的互動關係，在此取得足夠的體驗後，回到自己的星球進行再創造。

針對上述，你會發現回到源頭並不適用於所有人。你傳訊的目的是帶領人類的集體意識揚升，創造出更新後的意識種子，進入新地球，所以面對目的不同的人，你也不需要強求大家都回到源頭。

關於黑洞

阿乙莎，人類第一次觀測到黑洞（編按：二〇一九年四月，人類史上第一張黑洞照片首度公開，臺灣的研究團隊也參與了這項黑洞觀測計畫），祢可以提供更多關於黑洞的訊息嗎？

你們認為的 M87 黑洞，只是星團內的一個小黑洞，還稱不上是星系級的黑洞。星系的黑洞和整個宇宙的有形空間一樣大，有時甚至比所有星系集合的質量更大。

用望遠鏡觀測無法真正看見黑洞的邊陲。你們從地球這端看見的黑洞旋轉呈順時針方向，但進入黑洞之後從裡面向外看，就呈現逆時針，因此你們所在位置的白洞就是逆時針方向旋轉。地心的位置和黑洞是相連的，可以透過地心進入黑洞中，再從黑洞誕生出新的星球。黑洞就如同宇宙星系間的清道夫，你們無法用望遠鏡看見黑洞的狀況，卻可以到達黑洞的世界。

我不懂要如何離開地球進入黑洞。

很簡單，就是你離開肉身的全部意識，若有一部分意識不進入宇宙源頭，就會流向黑洞中。黑洞的世界也如宇宙般浩瀚，可以透過地心的蟲洞穿越進入。目前科學家看見的星團中的黑洞並無法承載具有意識的生命，因爲 M87 星團無人居住，那裡無法回收人類的靈魂意識。

你們的意識必須進入星系級的黑洞回收系統，才會眞正明白黑洞之於人類的意義。你們無法以望遠鏡知曉其運作原理，用物理學也無法探究黑洞內的世界，這樣的探究遠不及運用你們的意識進入黑洞探索。

什麼？用意識進入黑洞？意識會不會被吸進去就永遠回不來了？

不會，你可以請求你的高我帶你過去。

那麼我來試試……

剛進入黑洞時，我並沒有看見任何特別的移動生命，這裡面呈現停滯狀態，空無一物，但意識在此仍可以存在。雖然我的意識可以進入，但在這裡啥都不能做。這裡的意識都在幹麼？

這些被吸入的意識都在等著被淨化，淨化後的意識會和礦物質結晶一起融合成爲新星球的一部分，並重新誕生在宇宙中。這些原本在黑洞裡的意識在淨化後完全失去動能，以固態物質形式出現；宇宙經由黑洞回收系統，誕生出最純粹的新靈魂意識，出來體驗宇宙。

為何手握水晶時可以看到自身晶體的變化？

手握住水晶時，為什麼我們可以從晶體看到變化？例如手握住某個礦石，可以看見自己的晶體也在轉變。

每一顆礦石都有晶體，這是宇宙最初始的所有元素暫時聚合的點。這個晶體是用來儲存環境的訊息，你今天看見它的外觀是礦石，其晶體就可以反映它所儲存的環境元素最早的樣貌。也因此，你可以從有些石頭的晶體看見水元素，有些則會攜帶不同的元素，就看它儲存什麼樣的訊息。

你可以經由攜帶不同元素的礦石進入，去探索宇宙和世界，「一沙一世界」就是這個意思。植物的晶體就比較複雜一點，攜帶的不只是這植物種子的環境元素，也包含生長過程的訊息，所以，植物的晶體長出來的結構就和你看到的單純礦石的晶體結構不同。

動物的晶體就更多元了，類似人類的晶體，但其完整性沒有人類的扎實。有些動物沒有晶體，和人類的狀況相似，牠們這一次是來幫助淨化大地，並協助完成整個地球的訊息更新。

若將不同元素的晶體放在一起，就可以連結組成一個新的循環場域，類似你們物質顯化出來的、相生相剋的金木水火土五元素，創造生生不息的生命循環。

此外，每個晶體的訊息存量和訊息位階不同，有些晶體擅長處理圖形，有些可以進行編碼重組或分析——你本身就是後者，那些擅長用圖像來表達的則是前者。處理不同訊息元素和結構的人結合出來的晶體訊息，可以幫助你們彼此提升晶體的處理位元，從二進位進入四進位，是加成的效果，明白嗎？

至於使用這些礦石的方式，你們可以先進行元素探索，找出不同元素的組合，就可以產生不同的環境場域，呈現不同的光的折射。這也是在幫助整個環境場域升級，幫助人類在進入時提升振動頻率。

你們在著手編撰水晶呈現的圖像或符碼，讓孩子可以從晶體中取材，運用環境的元素進行創造的同時，就是在幫助整個地球意識邁入新次元。

當你手心握住某個礦石（比如水晶），就會讓你和水晶的晶體互動結合成擴大的能量場。你和水晶的晶體仍各自獨立，但放在手心就像插電——你和水晶通電，水晶會變化，你也會變化。所以，你可以看見水晶的訊息改變，而握住那顆水晶的你的晶體也會改變。若兩者可以相容或配合，則會相互放大自身的晶體；若兩者不相容，就會彼此獨立開來。

我來試試。將水晶握在手心，我的呼吸放大了，就代表彼此可以相容，很舒服。我的晶體彷彿和那顆水晶融合一樣……所以，握住某人的手，或是握住某個物品，就可以知道對方的訊息，也可以體驗自己身體的感知變化。

（阿乙莎補充說，暢通脈輪手指操的原理也很類似。一手握住另一隻手的手指，就像在通電，讓手指的系統連結宇宙天地的能量場。有些外星文明生育下一代的方式就是手心對手心，若能夠相容，放大彼此的能量場，就可以共同生育出下一代；反之，就不適合。）

關於旅行

阿乙莎，我即將展開一連串的暑期旅程，可以給我一些建議嗎？

旅行在外時，每天早上起來後，你可以深呼吸，連結當地的地氣，去感知那個國家或地域的狀態。這也是旅遊中最值得你運用的探索方式。

你們總是將旅遊看成放鬆的機會，忙著吃喝享樂和購物，這並沒有錯，那些都是去遊玩時的體驗。實際上，當你帶著一顆開放並願意與當地環境融合的心去遊玩時，你的晶體會因此擴展。

你將能透過自己的靈魂晶體，去擷取不同以往的創造元素。雖然你接觸到的都是當地各種物質層次的顯化，但這些物質背後的意涵會在透過你的肉體體驗的同時，振動到你的乙太體和星光體，你星光層的意識便會隨之擴展和重組。

因此，旅遊也是個好機會，讓人類的身體層得以和星光層展開交流。

在旅遊期間，你可以記錄自己的星光體如何回應你的身體感知系統。透過覺察自身意識能量交融的過程，你將可以讓自己由外而內，再由內而外地交織擴展出一個更完整的旅行體驗，你的身心靈也能經由旅遊，獲得能量和啓發！

關於同性婚姻

阿乙莎，臺灣通過了同性婚姻專法，我想聽聽祢對此的看法。

同性婚姻得以被社會認同，是人類個人意志自由展現的另一次提升。你們要經由這個認同的過程去理解愛自己和愛與你不同的人，在給予包容的同時，你也擴展了自己愛的力量。尤其面對人類社會、文化和宗教一直以來爲性別扣上的枷鎖，要突破長久下來兩性認同與制約的平衡關係並不是件簡單的事。我爲你們願意再度衝撞出更大的包容與愛感到高興。

同性婚姻是人類尋求愛的平等的過程，因爲人類長久以來將性與愛放在一個籃子裡，總以爲有愛才可以有性，或是有性才能滋養愛，但這個籃子只是人類因爲渴求愛而形塑的愛的枷鎖。你們以爲將對於愛的需求投射進入這個籃子，用有形的框架來降伏自己的愛，就可以長久擁有它；你們一再經歷愛情的遊戲，不論是異性間或同性之間的愛，都是一樣的過程，並沒有孰是孰非，只是你們的集體意識給不同的籃子貼上不同的標籤。

那麼，難道同性婚姻沒有違背造物主的設計嗎？

你看萬物是如何展現出它今日的樣貌：生命的樣貌是DNA自動展現出來的，早在陰陽交合之前已經設定完成這個生命的外觀、器官、性徵、功能、顏色，而情緒體和乙太體則是DNA編碼設定完成後自動展現的結果。當一個男人愛一個女人，你們以眼睛判斷這是正常的演化；若是男人愛男人或女人愛女人，你們僅用肉眼就判斷這是不正常的，卻看不見外表底下，他們彼此的能量共振是陰與陽的完美交融。

你們每個人身上都具備陰性與陽性的能量，就像兩條交纏的蛇，當能量啓動時，就是你們靈魂意識的重生，此時，你們自然而然會到達如男女交媾下的高潮那樣的極致體驗。你們自己就可以在靈魂意識中升起這股能量，並不需要靠另一個異性或同性和你產生性關係才能到達，這種自體陰陽能量交融可以達到比肉體交媾更深、更極致的昇華體驗。而當這股源於你們自身的陰陽交會能量貫穿中軸，從海底輪盤旋延伸至頂輪時，你們全身細胞被拙火燃燒，如浴火鳳凰般重生，身體物質解構，重組成以靈魂意識主宰的生命體。

現在回到你的疑問。若單從肉體層次來說，異性或同性的交媾並無不同，都是愛的交流方式，只是你們的社會集體意識給予它們不同的定義和標記。你可能會覺得這違反了神創造人類，讓人類繁衍新生命的法則，但你們也已經給自己答案，因爲人類可以透過生殖技術繁衍新生命，你們只是想透過同性結婚的合法化，再次認出自己是陰陽同體，也經由這個看似不合理的合法過程，讓人類對延續下一代的方式做出更多選擇。許多星際家族已經不再以身體交媾的方式延續生命，他們早已發展出更精密的生命培育計畫，創造他們社會的進步與繁榮。

如果同性婚姻能夠讓你們從性當中擺脫對於愛和繁衍生命的迷思，就是一個値得鼓勵的行動；若同性婚姻無法讓人們將肉體間的愛提升到靈魂意識的揚升，而提供愛的匱乏之下另一個替代出口，則不是値得鼓勵的行爲。人類在體驗和追尋愛的過程中需要學習種種課題，同性婚姻，我不鼓勵，也不會反對，那只代表你們仍在向外尋找愛的自由意志和創意，你們終究會發現，愛就在自己身上，不在外面。

關於政治在社會上扮演的角色

你們目前的政治結構已經開始面臨重組，不論你所在的國家採行多黨平衡或一黨專政，都已經不足以讓人民信服。選舉制度創造出更多集體對立的思想和破壞社會安寧的行爲，而一黨專政更是一座深不可測的冰山，可能一夕之間被巨浪或無形的力量吞噬。人民會逐漸發現，現在的政治制度已經不足以代表全體人民去擔任社會、文化、經濟、教育、環境維護等重大議題的代言人，人民自覺的聲浪將此起彼落地出現在全世界各個國家、社會，乃至企業。不但如此，若領導者仍站在國家或組織安全的立場，對人民施以強制管束或用暴力壓制人民的行為，反而會讓自己的領導勢力更快瓦解。

是時候重新定義政治的眞理了。在人類文明之初，政治是管理衆人與衆神連結的轉運中心。人民選出一位代表，這位代表擁有凝聚全民意識，跟宇宙衆神和大自然生靈溝通並取得和解的能力。人民選出來的領導者具有聖者的眼睛，位在眉心的第三眼位置，當領導者看見和聽見人們日常生活中面臨的問題或困難時，會將自己的所見所聞告訴宇宙、大自然生靈及四方衆神，並取得協議。因此，政治對人們來說，是為了安居樂業並與大自然環境共存共榮的集體行動，而政治領導者則是接受人民的託付行使神聖使命的代言人。

然而，今日地球文明締造的政治早已偏離人類最初設定的眞理，演變成為了黨派勝利與掌控地球資源而行使的手段。倘若今日的政治已經無法聽見和看見人民心之所向，亦無法讓人民及國家與外在環境取得和諧共榮的未來，則終將無法成為人民的依靠，也就會失去人民集體賦予的力量。這樣的政治勢必會瓦解，唯有幫助人民與生活環境和諧共存，才是政治應當回歸的眞理。

阿乙莎，我想聽聽祢對臺灣選舉的看法，也想請教祢，面對選舉，我該如何做選擇？

這是人類在二元對立世界共同面對的情境。自古至今，你們經歷了二元對立創造的文明，也承受了許多對立之下的破壞與傷痛，這是一體的兩面，同時存在。當你選擇站在某一方時，你就拉升了自己這一端，但你不知道的是，你同時也拉開了相對的那一端、另一個實相的序幕。你們總以爲對立是別人的想法造成的，不是你導致的結果。當你看見對立的那一端出現，就愈想往自己的這一端前進，左右的擺盪成爲二元世界不斷成長與演化的動能。

若能清楚知道相對於你的另一面是映照出你眞實內在的一面鏡子，你會對著鏡中的自己微笑，還是憤怒地對他丟雞蛋？你有沒有看見自己是如何偏離群體意識，反而創造出另一個群體意識的反擊？

你們的選舉就是來幫助集體意識重新校準，並再次從偏離的軌道回到中軸的方式。當你們的在野黨愈有力量，就是給執政黨一個反思的訊息：「這是一個由我自己拉升上來的在野力量。」因此，這也是幫助執政黨重新校準，並去看見整體意識的重要時刻。選舉的舞臺不會讓任何黨派永遠贏得勝利，選舉只是集體意識同步校準，讓全體人民重回中軸、凝聚力量的偉大時刻。

直到某一天，不論任何的謾罵攻擊言論都無法對相對於自己的另一方產生作用時，你們就同步擴展了彼此的中軸軌道，找出超越二元對立的共同意識路徑。這也是所有靈魂在二元世界中學習的過程。你們不再因爲選擇站在哪一邊而去破壞整體的和諧，開始進入有意識的選擇，爲共同的美好家園一起前行。這也是所有臺灣人民從過去到現在披荊斬棘，一起走出來的路。大家不再爭論孰是孰非、孰好孰壞，每個人在心中點亮連結臺灣土地的燈，這也會讓臺灣成爲領先全球意識覺醒的模範場。

現在，回到選舉的時刻，你還在猶豫該選擇哪一方？

不妨讓意識從心出發，向上提升，忘卻選舉中的激情和挑動你情緒的言論，給自己一個目標。這個目標很簡單，就是你在投票時不論做出任何決定，這個決定可以在選舉過後爲你、你的家人、你關心的人，以及你居住的社區、你的國家帶來更寬廣的視野與胸襟，讓不只這個候選人的支持者，也包含他的反對者都可以經由這次選舉，大家的意識再度融合，一同邁向光明。帶著這個目標去選擇，不論哪一方當選，你都已經給臺灣這塊土地和所有人最神聖的祝福。

〔讀者提問〕阿乙莎，能否請祢針對香港的反送中運動做一些說明？我的香港朋友在這場運動中感到失望、身心俱疲，覺得香港已死。我是兩個孩子的媽媽，看見這樣的狀況，很難不擔憂臺灣會步上後塵。我們可以做些什麼努力，或者給出什麼樣的支持呢？

你們正處於內在意識逐漸升起的時刻，而這是集體意識上升的過程中，一些堅持過往根深柢固的價值認定的人之間產生的意識拉扯。參與其中的每個人都會感到不安——不僅僅是你認知的群眾這一方，另一方的執政者也有同樣的感受。

此時，你們最需要做的並不是去支持或反對任一方，那不會幫助平息整個事件。對所有正在前方痛苦吶喊、正在努力捍衛自身立場的人，你們身為旁觀者，必須用更大的愛去包容和允許這股對峙的能量持續釋放和演化。這個事件並不是由單一的條款或規定造成的，而是累積已久的負面能量需要被看見和抒解。

當能量聚集，引爆出各種形式的社會衝突事件，這些都是靈魂成長必經的過程。

允許衝突、允許能量釋放，就能讓衝突更快平息；愈是對抗、愈是堅持自我投射的價值立場，就會給衝突的雙方更多燃料。你們此時的擔憂和恐懼，只會讓傷害擴大。此外，事件中的所有人也必須體認到，這個事件到最終絕對不會是任何一方的勝利。這個世界本來就不會有輸贏，這是參與這個事件的所有人，包括造勢者、當政者、圍觀者各自去重組自我價值認定的契機。

當你們願意去相信和期盼在此事件之後，眾人會邁向更和諧與繁榮的道路，那麼你們將共同迎接一個更好的未來；若你們堅持自己的認知和信念，不願意相信這事件的結果有助於未來的發展和演進，那麼你們就無法在這個事件中獲得更新自己的機會。任何個人或群體在此意識重新校準的時刻若依然無法改變自己，就會需要再次學習、需要更多事件來提醒，直到你們願意修正自己，讓自己的意識與廣大群體的意識再次融合接軌。

遇上惡意能量糾纏怎麼辦？

〔讀者提問〕阿乙莎，公司有個同仁老是找我麻煩，我看得見對方身上的能量是黑色的，他讓我很不舒服。我刻意迴避，不想與他互動，但我退一步，他就攻擊我兩步；我很困擾，不想理會他，他卻一直找我麻煩。這件事困擾我很久了，我該怎麼處理？

人在世界上會不斷創造體驗，你自己就是你生活的實相的創造者。你在生活中想要排斥的人事物，就是你內在必須去淨化的功課。

你以爲自己追求良善，做得好，行得正，對不喜歡、不想要的情境採取趨吉避凶的方式。你以爲你躲得過自己嗎？不會的！所有你排斥、不喜歡、拒絕的，都會巧妙地以各種形式再次出現在你面前。這時，你的小我絕對會喋喋不休，希望你去對抗，或再次嘗試壓制它、迴避它，但你愈是這麼做，那股負面的力量反而會糾纏得愈加沉重緊密。

那麼要如何做？

首先，你必須承認這是來自你內在的邀請。讓自己理解這個邀請正是來自你身上細胞深埋的印記，不論是這一世或過去世的印記。

而想要進一步解除負面能量的攻擊，你只能與它融合才能化解。你可以進入自己的更高意識，去看見這個負面能量來自哪裡。你需要融合的對象不在外面，不是正在傷害你的敵人，而是那個你否定的自己。

你必須去看見自己內在仍有一個隱藏的情緒，那是你不願意承認和接受的自己。你必須接受那個不滿足、不夠好、害怕失去、恐懼或想要控制的自己，那個你認爲不應該、不夠完美和不夠靈性的自己；你必須接受此時此刻的自己。

去跟自己說：「是的！我看見自己確實還有負面情緒，我願意接受這般的自己，並給自己無條件的愛，擁抱不完美的自己。」你必須溫柔地對待自己，那麼，這股對峙的負面能量就會失去你這一端的對抗支點。你和負面能量的交纏失去著力點，這股攻擊的負面能量就會漸漸消融。

去看見完美表象下眞實的自己，允許自己的不完美和陰暗面。而當你願意無條件地愛自己、支持自己時，你的世界也爲你轉變，因爲你已經以愛塡補了內心不認同的空缺，在完整自己生命的當下，讓生命之光再度閃耀！

建議你可以做以下的練習：

1.進行暢通脈輪手指操。

2.結束時靜心，觀想自己的業力圖，找出負面印記的關係源頭，在理解它的當下，就能淨化自己的業力枷鎖。

關於最美的自己

〔讀者提問〕阿乙莎，我碰到的困難是一場失敗的醫美手術引起的。我本來是個膨膨臉，想說三十出頭，臉不那麼緊緻了，在醫美診所的推銷下，接受了電音波拉皮的治療。當下覺得非常痛，回家後臉腫成方形，但眞正的影響出現在接下來的數個月：我的臉從很膨潤的樣子漸漸變得削瘦，甚至有凹陷。對比接受電音波拉皮前的照片，我受到很大的打擊。雖然去其他醫美診所接受塡充治療，但還是比不上原本的我，而且這些治療都有時效性，無法治本。心痛之下，我搜尋到阿乙莎的細胞再生，跟現在的主流醫療方法不同。我詢問做過自體脂肪豐頰的網友，她說後來也消風了，很後悔，不推薦這個手術。上網查資料我才知道，電音波加熱不當會使脂肪細胞凋亡，我想這就是我的臉削瘦的原因。我眞的很心痛，情緒崩潰，也不敢讓爸媽知道這件事，怕他們難過。像我這樣的情況，有機會透過阿乙莎的方法讓凋亡的脂肪細胞重新長回來嗎？雖然是個很小我的問題，但我眞的心好痛，希望阿乙莎能回答我，謝謝祢。

喔！這眞是令人懊惱又後悔不已的事，但就是發生了，還不只發生一回。有多少醫療美容糾紛正在上演？

讓我告訴你，美容不可能讓你變得比原本的你更美。你會說：「怎麼可能？我看別人都很成功，美容之後變成另一個大美女，爲何我沒有？」

因爲，美是無法被人類定義的，那是神性的語言。用人類的小我只能創造美麗的贗品，假花假樹，但那些美麗的塑膠贗品沒有光、香氣和活力。當你投射出自己不夠好、不夠美的意念，想要向外去找尋美時，你就不可能由內而外展現出最美的你。

現在有許多人期待用更美麗的外表讓自己被愛、被認同，這已經造成醫療的濫用。醫療原本是來幫助還原身體系統的正常運作，但人類現在卻想用外力和醫療手段，來掩飾和對治內在的心理問題。

愛美是人的天性，但這個天性可不是讓你用非常手段來達成的。那是生命自然綻放出來的語言。美只能從眞實和良善的意圖裡展現，你們每個人誕生到這個世界上，都是由最獨特、最完美的神性所組成，只有如你原本所是，如實地展現自己，展現你的內在神性，你的美才能綻放。

當你無法看見自己內在的神性時，就看不見自己是如此美麗。那讓你絕對臣服、無人能出其右的獨特性，只有你才能詮釋出來，別無他人，結果你非但不去感激神賦予你獨一無二的特質，還希望改造成另一個人。你這樣做只是再一次掩蓋自己的美，將自身最珍貴的寶藏埋藏起來。

你找來劊子手，做出殺死一部分身體細胞的決定時，你的細胞會集體抵禦，以免受到傷害。它們現在以集體凋零來平衡你不想要它們繼續存在的意圖，若你再度傷害自己，恐怕會引發自體免疫系統的攻擊。要防止免疫系統的攻擊，你必須讓意識回到自己身上。

只有無條件地愛自己，才能平撫細胞恐懼死亡帶來的威脅，回復初始設定的狀態。將愛自己的能量灌注給自己，才能與受傷的細胞和解，避免身體細胞的反制和抗爭。當你可以真正看見自己是神所創造的獨一無二的你，讓自己的生命由內而外自然綻放出能量和光芒時，你就能展現出最美的自己。

身心障礙者如何提升自己，穿越禁錮？

〔讀者提問〕舍弟是脊髓損傷者，下半身癱瘓二十多年了。肉體上的痛苦會消磨人的心智，我從書中學習，進而在心智上有所提升，但向弟弟提及書中的理念和練習時，只換來淡然的表情，或許他認爲這是正常人才能練習的。此外，我弟弟目前也時不時會有負面能量（民間俗稱的卡無形），我無計可施，所以想詢問是否有更貼近身心障礙者的練習，讓我弟弟也能自我提升？

〔Rachel的回答〕你的弟弟正因肢體殘疾，被痛苦淹沒，彷彿掉進無底深淵中。目前提升他能量最好的方式，是引導他進行正確的呼吸。肢體的障礙並不會影響心肺的正常運行，唯有先療癒心，才能讓能量擴展，你提及的卡無形也才能被清理掉。

阿乙莎教導的暢通脈輪手指操可以每天進行，有時間的話，一天多做幾回合也無妨。當心的能量漸次充滿，再回頭來檢視他受挫的情緒體。一個人肢體殘障時，因爲對外的活動量減少，反而能讓自己平靜下來，成就鍛鍊心智的最佳狀態。

而家人在陪伴的過程中也需要共同學習。當家人投射出他是弱勢者，需要被關照的意念時，等於在他已經受傷的肢體加上更沉重的鎖鏈。他會對家人的關懷感到厭煩是正常的，因爲他不想讓自己虧欠更多，這是能量平衡的原理，所以他當然會拒絕你們更多的關懷與善意。尊重他擁有生命自主權，讓他在沒有過多殷切盼望的狀態下進行能量的清理和提升練習。這時，最佳的陪伴也是來自家人，當你們認爲他和健康的人並無分別，以這樣的意念和他互動時，對他才是祝福，而非負擔。

建議先做暢通脈輪手指操，在一呼一吸之間清理沉積已久的固著能量，他就會逐漸變得輕盈。

Eurasian Publishing Group
圓神出版事業機構
用心與你對話・網野無限寬廣
方智出版社
Fine Press

www.booklife.com.tw reader@mail.eurasian.com.tw

新時代系列 189

愛的復甦計畫：阿乙莎與地球母親的靈訊教導

作　　者／譚瑞琪
發 行 人／簡志忠
出 版 者／方智出版社股份有限公司
地　　址／台北市南京東路四段50號6樓之1
電　　話／（02）2579-6600・2579-8800・2570-3939
傳　　真／（02）2579-0338・2577-3220・2570-3636
總 編 輯／陳秋月
副總編輯／賴良珠
主　　編／黃淑雲
責任編輯／黃淑雲
校　　對／黃淑雲・溫芳蘭
美術編輯／李家宜
行銷企畫／詹怡慧・王莉莉
印務統籌／劉鳳剛・高榮祥
監　　印／高榮祥
排　　版／陳采淇
經 銷 商／叩應股份有限公司
郵撥帳號／ 18707239
法律顧問／圓神出版事業機構法律顧問　蕭雄淋律師
印　　刷／祥峰印刷廠
2020年4月 初版
2022年11月 5刷

定價360元　ISBN 978-986-175-550-2

你本來就應該得到生命所必須給你的一切美好！
祕密，就是過去、現在和未來的一切解答。

——《The Secret 祕密》

◆ **很喜歡這本書，很想要分享**

圓神書活網線上提供團購優惠，
或洽讀者服務部 02-2579-6600。

◆ **美好生活的提案家，期待為您服務**

圓神書活網 www.Booklife.com.tw
非會員歡迎體驗優惠，會員獨享累計福利！

國家圖書館出版品預行編目資料

愛的復甦計畫：阿乙莎與地球母親的靈訊教導／譚瑞琪著.
-- 初版. -- 臺北市：方智，2020.04
400面；14.8×20.8公分. --（新時代系列；189）
ISBN 978-986-175-550-2（平裝）

1.聖靈 2.靈修

242.15 109001731